Michael Hainz

Pilgern

Hineinlaufen in Gottes Gegenwart

Ignatianische Impulse
Herausgegeben von Igna Kramp CJ, Stefan Kiechle SJ und Stefan Hofmann SJ
Band 97

Ignatianische Impulse gründen in der Spiritualität des Ignatius von Loyola. Diese wird heute von vielen Menschen neu entdeckt.

Ignatianische Impulse greifen aktuelle und existentielle Fragen wie auch umstrittene Themen auf. Weltoffen und konkret, lebensnah und nach vorne gerichtet, gut lesbar und persönlich anregend sprechen sie suchende Menschen an und helfen ihnen, das alltägliche Leben spirituell zu deuten und zu gestalten.

Ignatianische Impulse werden begleitet durch den Jesuitenorden, der von Ignatius gegründet wurde. Ihre Themen orientieren sich an dem, was Jesuiten heute als ihre Leitlinien gewählt haben: Christlicher Glaube – soziale Gerechtigkeit – interreligiöser Dialog – moderne Kultur.

Michael Hainz

Pilgern

Hineinlaufen in Gottes Gegenwart

echter

Klimaneutral
Druckprodukt
ClimatePartner.com/12514-2308-1008

Der Umwelt zuliebe verzichten wir bei unseren Büchern auf Folienverpackung.

Bibliografische Information der Deutschen Nationalbibliothek

Die Deutsche Nationalbibliothek verzeichnet diese Publikation in der Deutschen Nationalbibliografie; detaillierte bibliografische Daten sind im Internet über <http://dnb.d-nb.de> abrufbar.

www.echter.de
Druck und Bindung: Friedrich Pustet, Regensburg
ISBN
978-3-429-05895-1
978-3-429-05282-9 (PDF)
978-3-429-06625-3 (ePub)

Inhalt

Worum es in diesem Buch geht

Dem Pilgern wohnt zweifellos ein Zauber inne. Es fasziniert und lockt Hunderttausende, ja Millionen Menschen ganz verschiedener Milieus und Generationen, Weltanschauungen und Glaubensrichtungen, sich auf unbekannte, oftmals weite und unbequeme Wege zu machen. Für die vergangenen 50 Jahre lässt sich von einem regelrechten Pilgerboom sprechen: 1970 erhielten 68 Menschen die Pilgerurkunde für die Bewältigung der letzten 100 (zu Fuß) oder 200 Kilometer (mit Rad oder Esel) des Jakobsweges nach Santiago de Compostela. Im Heiligen Jahr 2022 waren es bereits mehr als 430 000! Neben dem weit verzweigten Netz der *Jakobswege* werden viele weitere – neu erschlossene – Pilgerwege begangen: länderübergreifende Wege (z.B. *Jerusalemweg, Via Francigena, Via Romea, Martinusweg* oder *Olavsweg*), die etwa 2500 km langen *Lutherwege* oder kürzere Routen (z.B. *Camino Ignaciano, Franziskusweg, Ökumenischer Pilgerweg, Weg der Stille, Weg der Entschleunigung* oder *Weg des Buches* und viele andere). Nach religionsgeographischen Untersuchungen gibt es in Europa ungefähr 6000 christliche Pilgerstätten (davon 1000 in Deutschland), die pro Jahr insgesamt 60 bis 70 Millionen Pilger anziehen.[1] Weltweit pilgern nach Schätzungen der Tourismusorganisation der Vereinten Nationen jährlich ungefähr 330 Millionen Menschen zu religiösen Stätten.[2] Dies macht fast ein Drittel der gesamten nichtgeschäftlichen Reisen aus.[3]

Neugierig geworden vom Hörensagen, dass Pilgern toll, wohltuend und heilsam sei, beginnen manche, von Freunden begleitet, mit einem dreitägigen »Pilgerchen« oder sammeln unter Anleitung einer spirituellen Pilgerbegleiterin erste Erfahrungen. Andere Einsteiger machen sich durch die ausgiebige Lektüre von Pilgerliteratur und -websites oder durch das Fachsimpeln mit erfahrenen Pilgernden kundig, bevor sie ihr erstes Pilgerabenteuer starten. Wenn sie davon begeistert sich ein weit entferntes Ziel – Santiago de Compostela, Rom oder Jerusalem – vornehmen, opfern sie dafür mehrjährige Urlaubszeiten oder eine ausgedehnte Sabbatzeit.

In welcher Phase der Befassung mit dem Pilgern Sie, lieber Leser, liebe Leserin, sich auch befinden – als schnuppernder Anfänger, der gerade die Fährte des Pilgerns aufnimmt, als jemand, der bereits mehrere Routen ausprobiert hat, oder als langjährige Wiederholungstäterin, die ihre Pilgererfahrungen zu vertiefen wünscht –, eine Grundfrage wird sich Ihnen ungefähr so stellen: Wie kann ich meine Pilgersehnsucht in eine gelungene Pilgerpraxis überführen, die mich auch im Nachhinein zufriedenstellt und auf mein ganzes »Lebensgehäuse« heilsam ausstrahlt? Wie pilgere ich, kurz gesagt, sinnvoll und fruchtbar? Wie geht das, spirituell zu pilgern?

Darauf möchte ich hier eine Antwort versuchen, jedoch nicht, indem ich unmittelbar von meinen Pilgererfahrungen erzähle. Auch nicht durch ein Sachbuch, das eine Pilgerroute beschreibt, technisch-praktische Tipps gibt oder wissenschaftliche Ansprüche erhebt. Gewisse Einsichten der Pilgerforschung werde ich nur aufgreifen, um die Eigenart des Pilgerns zu klären. Als praktisch versteht sich dieses Werk gleichwohl, insofern es praxisdienliche Impulse und Inspirationen zu einem profilierten spirituellen Vollzug des Pilgerns gibt. Es ist auch in dem Sinn ein Weg-Buch, dass es Markierungen anbringt. Sie erlauben, den geistlichen Inspirationen eines bewährten Pilgers und Pilgerführers zu folgen, der seine Identität als »Pilger« verstand: des Basken Iñigo de Loyola (1491–1556). Er ist unter seinem später latinisierten Namen Ignatius von Loyola besser bekannt.

Somit reiht sich dieses Bändchen in das riesige Angebot so genannter spiritueller Pilgerliteratur ein. Es nimmt die Grundanliegen dieser Spiritualität auf und will tastend in sie einführen: in ihre Suchbewegung und Freiheitlichkeit, in ihre Erfahrungsbezogenheit, Ganzheitlichkeit und Innerlichkeit. Der hier vorgelegte Versuch gibt sich allerdings nicht damit zufrieden, Spirituelles auf schöne, berührende oder wohltuende Erfahrungen zu verengen. Er strebt Tiefgang an, indem er dazu anleitet und herausfordert, alle, auch die lästigen und harten Erfahrungen des Pilgerns, in Beziehung zu setzen zu einem abgründigen Geheimnis – zu jenem letzten Woher und Woraufhin, jener tragenden Gegenwart und Beheimatung des Menschen und des Universums, die die christliche Tradition als »Gott« bezeichnet und als an-sprechend und ansprechbar versteht. Diese – was für ein Wort! – gottbezogene Erschließung des Pilgerns möchte Sie, liebe Leserin, lieber Leser, dazu einladen, Pilgern als Chance zu erproben, mit Gott und dem gott-menschlichen Pilger Jesus in Verbindung zu treten. Sie hebt sich somit von Zugängen ab, Pilgerspiritualität ganz und gar vom Individuum her zu verstehen oder es mit esoterischen oder schamanistischen Vorstellungen und Ritualen zu unterlegen.

Der hier vorgestellte christliche Ansatz gewinnt zusätzlich dadurch an Profil, dass er das Pilgern von Inspirationen der ignatianischen Spiritualität her entfaltet. Diese von Ignatius geprägte Form, spirituell zu sein, zeichnet sich durch mehrere – später zu erläuternde – Merkmale aus: Sie geht von einem ganzheitlichen Verständnis des Menschen aus, bezieht also sein Vorstellungsvermögen und seine Affekte, seine Leiblichkeit und Geistigkeit, seine leiblichen und geistlichen Sinne in seinen Welt- und Gottesbezug ein. Sie nimmt die menschliche Freiheit und das unmittelbare Wirken des Schöpfers an seinem Geschöpf ernst. Sie betont die Bedeutung des Übens und die Prozesshaftigkeit spiritueller Vollzüge. Eine ihrer besonderen Stärken liegt darin, Hilfen zur Unterscheidung ungeklärter Seelenzustände und zum Treffen stimmiger Entscheidungen anzubieten. Dabei verbindet sie die Wertschätzung des Individuums mit seiner Einbindung in eine unterstützende religiöse Gemeinschaft. Sie stellt keine Sonderspiritualität dar, sondern ist zutiefst biblisch geprägt. Im Glauben daran, dass Gott in Jesus Mensch geworden ist, um die Welt, so wie sie ist, zu retten und heimzuholen, eignet der ignatianischen Spiritualität eine positive Weltbejahung und ein nüchterner, gelassener Realismus. Dadurch gewinnt sie auch die Weite, nicht nur »fromme Nischen« zu bedienen, sondern alle menschlichen und weltlichen Lebensbereiche, darunter auch das Pilgern, als Feld mit einem Schatz anzusehen – ignatianisch formuliert: um Gott zu suchen und zu finden in *allen* Dingen und Vollzügen. Dafür will dieses Büchlein also eine Hilfe sein: damit Sie, liebe Leserin, lieber Leser, jenes letzte, liebende Geheimnis, Gott, beim Pilgern besser entdecken und daraus leben können.

Dem Realismus der ignatianischen Spiritualität entsprechend, wird zunächst auf konkrete Ausgangsbedingungen des Pilgerns eingegangen. Dazu wird in

Kapitel 1 der Frage nachgegangen, was die Eigenart des Pilgerns ausmacht. Klärungen werden erzielt mit Blick auf die Herkunft des Pilgerbegriffs und durch die Abgrenzung vom Wallfahren, Tourismus, Wandern und von den Merkmalen der mittelalterlichen *peregrinatio*. Wie der am Königshof ausgebildete Ignatius zum Pilger wurde, warum er Jerusalem als Ziel wählte, welche Erfahrungen er auf seinem Weg sammelte, wird im zweiten Kapitel im Hinblick darauf entfaltet: Was können heutige Pilgernde von seiner Weise des Pilgerns lernen? Im dritten Kapitel werden konkrete Übungen aus dem Schatzkästchen ignatianischer Spiritualität vorgestellt, die dem praktischen Vollzug spirituellen Pilgerns dienen. Schließlich werden (Kapitel 4) grundlegende Haltungen und Einsichten ignatianischer Spiritualität entfaltet, die dem Pilgern Profil und Tiefe geben und helfen, darin Gottes Spuren zu entdecken. All dies wird zusammenfassend gedeutet mit Hilfe des titelgebenden Verses der Pilgerpoetin Hildegard Aepli: »um nichts anderes geht es als dass ich in dich hineinlaufe in deine Gegenwart«[4].

Dieses Buch ist geschrieben anlässlich des 500. Jubiläums jener Pilgerreise, die Ignatius von Loyola 1523 nach Jerusalem unternahm. Es entstand in Dankbarkeit dafür, dass ich selbst von dieser Spiritualität inspiriert pilgern und leben darf – angeleitet von vielen Mitbrüdern im Jesuitenorden und unterstützt von meinen Pilgerfreundinnen und -freunden Monika Gerdes, Esther Zeiher, Hildegard Aepli, Christine Dittlbacher, Sr. Laetitia Fech, Johannes Aschauer und Br. Andreas Knapp. Den Herausgebern dieser Reihe, Stefan Kiechle SJ, Igna Kramp CJ und Stefan Hofmann SJ sowie Sabine Neis und Guido Sauer sage ich ein herzliches Vergelt's Gott für ihre wertvollen Anmerkungen.

1. Pilgern: Was ist das?

»Pilgern« ist ein umstrittener Begriff. Denn er kommt in sehr unterschiedlichen Formen und Zusammenhängen vor. Auch wird manches als »Pilgern« ausgegeben, dem diese Kennzeichnung nicht zusteht. Es ist deshalb gar nicht so leicht, »Pilgern« zu definieren.

Zunächst einmal findet sich Pilgern als religiöse Praxis seit urdenklichen Zeiten in allen Weltreligionen: im Judentum (nach Sichem, Beth-El und Beerscheba, zum Alt-Jerusalemer Tempel, zur heutigen Westmauer und zu Gräbern berühmter Rabbis), im Hinduismus (klassisch zu *Tirthas*, Furten am Fluss; prominent zum Krugfest *Kumbh Mela*), im Buddhismus (v.a. zu den vier mit dem Leben Buddhas verknüpften Orten Lumbini, Bodh Gaya, Sarath und Kushinagar), im Islam (in den drei Grundformen *Haddsch*, *Umrah* und *Ziyara*) und im Christentum (in vielen Spielarten als Bewegung sowohl hin zu *heiligen Orten* als auch zu *heiligen* Menschen, seien sie tot (»Reliquien«) oder lebend, z.B. Wüstenväter und Starzen, geistliche Lehrmeister.

Die jüngere historische und sozialwissenschaftliche, meist englischsprachige Forschung begreift darüber hinaus auch Erscheinungsweisen mit bloß zweitrangigem oder mehr oder weniger fehlendem Religionsbezug als »pilgrimages«, wo etwa medizinische oder politische Zwecke im Vordergrund standen: In Ägypten gibt es Hinweise auf populäre »Pilgertouren« im Neuen Reich (1550 bis 1070 v. Chr.) zu den zu Heilungszwecken aufgesuchten Heiligtümern bei Deir-el-Bahari an der Westseite des Nils. In Anatolien (heutige Türkei) fand man im zweiten Jahrtausend vor Christus bei den Hethitern eine Form des »Pilgerns«, bei der die königliche Familie von einem sakralen Ort zum anderen zog und jeweils an Ritualen und Zeremonien teilnahm. Allein für die griechisch-römische Antike unterscheiden Elsner und Rutherford[5] zwanzig verschiedene Typen von »pilgrimages«, darunter die *theoria* (griechische Stadtstaaten schickten Delegationen zu gesamtgriechischen Zeremonien nach Olympia, Delphi oder Isthmus), die Befragung von Orakeln sowie das Pilgern von Künstlern, zur intellektuellen Erleuchtung und zur Initiation in die Gesellschaft.

Viele jüngere Veröffentlichungen der Sozialwissenschaft und Tourismusforschung definieren aktuelle »pilgrimages« ganz ohne Bezug zur (verfassten) Religion. Der Begriff sei nämlich nicht nur für die vielen sich als religionsfrei und/oder spirituell begreifenden Pilgernden zu öffnen. Einzubeziehen seien auch Besucher und Besucherinnen uralter, neuerdings wiederbelebter »sakraler Orte«, z.B. solche, die bei den roten Felstürmen in Sedona (Arizona, USA) Erdenergie »aufsaugen« oder die esoterische Macht steinerner Gebilde bei Stonehenge (England) beschwören. Auch hätten Formen des so genannten *dark tourism* (dunkler Tourismus) oder *thanatourism* (Todestourismus) als »pilgrimages« zu gelten: wenn etwa Menschen das Grab von Michael Jackson oder die Holocaust-Gedenkstätte Yad Vaschem in Israel aufsuchen. Zu berücksichtigen sind zudem Pilgertouren mit programmatischer Ausrichtung: gegen das nukleare Wettrüsten (nach dem Beispiel von Gerard W. Hughes[6]), für Frieden und interreligiösen Dialog (Christian Rutishauser[7]) oder zugunsten der Nachhaltigkeit (*grünes Pilgern*[8], *Klimapilgern*). Außerdem wird Pilgern zur Therapie von Jugendlichen und zur Resozialisierung von Strafgefangenen genutzt. Eine letzte Hürde für eine glatte Definition des Pilgerns stellt das Interesse der Tourismuswirtschaft dar, den Boom des Pilgerns als Geschäftsmodell zu nutzen.[9] Sie erklärt Wanderrouten ohne tiefere Qualifizierung zu »Pilgerwegen« und verkauft jede angeblich sanfte Fortbewegung in freier Natur werbewirksam als »Pilgern«.

Herkunft des Pilgerbegriffs

Hilfreich für das Verständnis und die Praxis heutigen Pilgerns ist ein Blick auf die Herkunft des Pilgerbegriffs.[10] Er hat – beschränken wir uns auf Europa – seinen Ursprung im Lateinischen: Die Wortfamilie um »peregrinus«, »peregrinatio« oder »peregrinor« hat eine gemeinsame Wurzel, nämlich »per agrum«, wörtlich: »über den Acker hinaus«. Dieser Ausdruck bedeutet so viel wie »über das römische Staatsgebiet hinaus«. Er wurde während der Römerzeit sowohl für Fremde, also dem Gesetz nach Ausländer, verwendet wie auch für Römer und Römerinnen, die außer Landes reisten. »Peregrinatio« meinte dann »Aufenthalt in der Fremde« oder »Unterwegssein ins Ungewisse«[11]. Diese – politisch-juristisch verstandene – Begriffsfamilie wurde in jener Zeit noch ohne jeden religiösen Beiklang verwendet. Dieser wurde erst durch christliche Einflüsse allmählich stärker. Im frühen, unterdrückten Christentum waren fromme Besuche religiöser Orte nicht verbreitet. Selbst dann, als sie, z.B. in Jerusalem oder an den Gräbern der Märtyrer in Rom, im Zuge seiner offiziellen Anerkennung geläufiger wurden, nannte man Reisen dorthin nicht »Pilgerreisen«. Der Bericht jenes anonymen Jerusalembesuchers aus Bordeaux (333 nach Chr.) hieß schlicht »itinerarium«, zu

Deutsch »Reise«. In spätrömischer Zeit benutzten einige christliche Autoren – wie bereits Paulus im Zweiten Korintherbrief (2 Kor 5,6–8) – den Begriff in symbolischer Bedeutung als Sinnbild für die Grundsituation des Menschseins: Die Gläubigen wohnen in ihrem Leib wie Fremde im Exil und warten darauf, in ihre wahre himmlische Heimat aufgenommen zu werden. Erst im Mittelalter verschob sich die Bedeutung jener lateinischen Begriffsfamilie hin zu »Reisen an heilige Orte«. Doch blieb eine gewisse Vieldeutigkeit erhalten. Denn »peregrinus« wurde auch für weltliche Fremde und Wanderer benutzt, und »peregrinatio« im Sinne einer frommen Pilgerreise konkurrierte mit einem weiten Spektrum anderer Wörter, die »Weg« oder »Reise« bedeuteten. Im Altfranzösischen wurden Pilgernde oftmals mit Hilfe der Symbole und Ziele ihres Weges definiert, z.B. als »paumier« bei Reisen ins Heilige Land oder als »michelot« oder »micquelot« bei Touren nach Mont-Saint-Michel. Erst im 17. Jahrhundert wurde »pellerin« zum einzigen und allgemeinen Begriff dafür, dass jemand eine Reise zu einem Ort der Verehrung vornahm; seine Nebenbedeutung »Wanderer« wurde unerheblich. Zu ähnlichen Bedeutungsverschiebungen und Wortbildungen kam es in anderen europäischen Sprachen. Lediglich das Deutsche – dazu gleich mehr – hielt an der Unterscheidung von »Pilgerfahrt« und »Wallfahrt« fest.

Aus diesem Schnelldurchgang durch die Geschichte des Pilgerbegriffs im Westen lässt sich folgern: Man sollte sich bei diesem Begriff sowohl seiner historischen Bedeutungsvielfalt als auch der Nuancen des – zwischen Sprachen auch unterschiedlichen – Sprachgebrauchs bewusst bleiben. Man darf ihn nicht als vorgegebenes, »natürliches Ding« betrachten. Selbst hinter dem gleichen Begriff können sich verschiedene Erscheinungsformen verbergen.

Pilgern und Wallfahren

Die deutsche Sprache unterscheidet zwischen »Wallfahrt« und »Pilgerreise«. Diese nützliche Abgrenzung wird allerdings in der katholischen Praxis oftmals unterlaufen. Auch manche katholische Theologen (z.B. Josef Sudbrack SJ und Michael Rosenberger)[12] pendeln ohne Angabe von Gründen begrifflich zwischen »Pilgern« und »Wallfahrt«. Überraschenderweise enthalten theologische Standardlexika katholischer und protestantischer Herkunft ausführliche Einträge zur »Wallfahrt«, jedoch nur sehr knappe oder gar keine zum »Pilgern«. Mit der Ausblendung der für die Bibel zentralen Pilgerperspektive berauben sich solche Lexika zum einen der Chance, Erfahrungen heutiger Pilgernder sinnstiftend zu deuten. Zum anderen ist zu fragen: Legitimieren sie stillschweigend die Sesshaftigkeit der herrschenden Zivilisation und ihr Land- und Eigentumsverständnis? Entkräften sie die Solidarität für die zur Zwangswanderung Verdammten? Tragen sie dazu bei, dass die irdische Existenz als alleinige menschliche Realität betrachtet wird, wie abgeschnitten von jeder himmlischen Beheimatung? Falls ja, werden spirituell obdachlos gewordene »Erdenbürger« ungeschützt den Erschütterungen des irdischen Lebens und den mit Ängsten hantierenden starken Führern, Gurus und Geldmachern aller Art ausgesetzt.
Dem Begriff Wallfahrt liegt das Tätigkeitswort »wallen« zugrunde. Dieses stammt aus dem althochdeutschen »wallon« für »wandern, reisen«.[13] Das Wort

»wandern« seinerseits weist sprachlich eine Nähe zum Verb »wandeln« mit seiner Doppelbedeutung »verändern« und »geruhsam gehen« auf: Denn beide, »wandeln« und »wandern«, leiten sich aus dem althochdeutschen »wanton« ab, was so viel wie »wenden« besagt.[14] Dieser Bedeutungszusammenhang zwischen »wallen«, »wandern« und »wandeln« ist für die Thematik des Pilgerns höchst aufschlussreich: Sie bestätigt, was sowohl namhafte Sozialforscher als auch der langjährige Pilger und geistliche Autor Andreas Knapp[15] als wesentlichen Sinn und innere Zielbestimmung des Pilgerns ansehen: die – letztlich spirituelle – Wandlung der Pilgernden. Sie ist auch zentrales Anliegen der ignatianischen Spiritualität.

Trotz dieses grundlegenden Zusammenhangs gilt es, »Pilgern« und »Wallfahrt« voneinander abzugrenzen. Denn sie treffen auf unterschiedliche Erscheinungen zu: Wallfahrt vollzieht sich eher in größeren Gruppen, ist kirchlich organisiert und liturgisch, also in Formen und Inhalten, in höherem Maß strukturiert und vorgegeben; sie orientiert sich eher auf ein heiliges Ziel und nutzt häufiger Bus, Zug oder Automobil. Pilgern hingegen ist individueller und eher autonom, verzichtet also in der Regel auf ein von vorneherein vorgegebenes inhaltliches Programm; es betont stärker den Weg als das Ziel und wird meist zu Fuß, legitimerweise aber auch mit Fahrrad, Pferd oder Esel unternommen.[16]

Pilgern ist doch kein Tourismus

Tourismus und Pilgern haben manches gemeinsam: Beide stellen eine Ortsbewegung zu einem Ziel hin dar. Sie nutzen grundsätzlich dieselben Mittel, z.B.

Wege, Unterkünfte, schöne Landschaften und Sehenswürdigkeiten, und bedürfen freier Zeit (Urlaub) und finanzieller Mittel. Pilgernden und Touristen geht es um erhebende Erfahrungen, Erholung und Weitung des Horizontes. Bei konkreten Personen und Unternehmungen mag es schwierig sein, zwischen Pilger- und touristischen Aktivitäten klar zu unterscheiden. So kann beispielsweise jemand auf eine touristische Annonce hin ein Pauschalpaket für die letzten 250 km des Jakobusweges (*Camino*) nach Santiago de Compostela gebucht haben: Er oder sie wandert in einer Gruppe unter Anleitung eines Führers täglich rund 25 km und ist zunächst von der Schönheit der Landschaft und Kirchen sowie von der harmonischen Gruppe begeistert. Ein »wunderbarer Urlaub«, so meldet er oder sie bald per WhatsApp freudig nach Hause. Doch dann passiert Unerwartetes: In all das Erhebende mischen sich massive körperliche Leiden, etwa unerträgliche Blasen an den Füßen oder Erschöpfungszustände, oder es bricht eine handfeste innere Krise auf: Habe ich in meinem Leben nicht vieles falsch angepackt? Oder in gefühlt positiver Richtung: Es lösen sich innere Spannungen. Es klären sich Lebensentscheidungen. Der Mensch bekommt durch die grandiose Natur, die wohltuende Gemeinschaft oder die unterwegs praktizierten Rituale eine neue Ahnung von jenem Geheimnis, das »uns beschützt und hilft zu leben« (Dietrich Bonhoeffer). Auf welche Weise auch immer: Viele Pilgernde erzählen davon, wie mitten in der äußeren, rein touristischen Tour eine davon unterschiedene innere, sagen wir: spirituelle Reise aufbricht. Sie spricht die Pilgernden viel tiefer an und bekommt für ihr Leben eine viel größere Bedeutung. Genau das bezeichne ich – im Unterschied zum blo-

ßen Tourismus – als Pilgern: dass mit einer äußeren Reise eine innere, genauer: eine seelisch-spirituelle Reise einhergeht.
Konkret unterscheiden sich Pilgernde (nach Santiago de Compostela) und Touristen (in New York) nach ihrem jeweiligen Umgang mit Raum und Zeit:[17] Zwar genießen die jeweiligen sakralen Orte, Kirchen bzw. Museen, bei Pilgernden und Touristinnen gleichermaßen große Anziehungskraft. Doch werden sie in den jeweiligen Erzählungen unterschiedlich gerahmt: Die Erwähnung von Kirchen am *Camino* verweist auf eine wohltuende, innerlich stimulierende Landschaft; mit ihnen wird ein Bezug zur religiösen Tradition hergestellt: Sie werden oftmals als räumliche Einladung zu Besinnung oder sakralen Ritualen erachtet und dann nicht wie andere Gebäude bloß besichtigt, sondern durch bestimmte Vollzüge (z.B. Anzünden von Kerzen oder Gebet) »angeeignet«. Museen dagegen erscheinen in den Erzählungen der New Yorker Touristen vor allem als Pflichtübungen einer abzuarbeitenden To-do-Liste und als »Wahrheitsmarker«: »Schau her, ich bin wirklich hier!« Des Weiteren beziehen die Pilgernden ihre Erfahrungen auf das vorausliegende Ziel Santiago, während Touristinnen die kulturelle Besonderheit der isolierten Erfahrung als solcher hervorheben. Dementsprechend umschreiben Pilgernde ihr Zugehen auf ihr Ziel mit Hilfe von Vorstellungen von Kontinuität; jeder zurückgelegte Kilometer stellt einen Beitrag zum Gesamtvorhaben des zielorientierten Pilgerns dar. Touristen hingegen scheinen jede Fahrt, z.B. mit der U-Bahn zum Museum, als notwendiges Übel zu quittieren. Die Unterschiedlichkeit zwischen der Kontinuität der Pilgererzählung und der unterbrochenen

Erlebnisabfolge bei Touristinnen zeigt sich auch hinsichtlich der Unterbringung: Pilgernde beschreiben ihre Herbergen als Inbegriff einer Fülle von Pilgerabenteuern, wie miteinander zu kochen, zu ratschen und tiefen Austausch zu haben sowie einander die Füße zu massieren. Deshalb gelten diese Unterkünfte als gemütlich und gemeinschaftsstiftend und werden trotz oder gerade wegen ihrer Schlichtheit als herrlich und wohltuend gepriesen. Touristinnen dagegen betrachten ihre Hotels lediglich als Endstation vorangegangener eindrucksvoller Erlebnisse. Was den Umgang mit Zeit angeht, tendieren Pilgernde dazu, ihren Tag als festgelegten Erfahrungsraum mit Wiederholungscharakter zu umschreiben; über ihn lohne es sich deshalb nicht detailliert zu berichten. Doch verweist die Wiederholung, die zu langweilig erscheinen mag, um darüber zu schreiben, auf einen der am höchsten bewerteten Vorzüge der Pilgertour: Sie versetzt die Pilgernden in eine stressfreie Ergebung, ohne jede Hast. Touristen dagegen sind voller Pläne und setzen eilig alles daran, sich bietende Gelegenheiten zur Besichtigung der Stadt vollumfänglich zu nutzen.

Pilgernde zeichnen sich also durch die engagierte *Aneignung* räumlicher Bezugsgrößen (z.B. Wege, Unterkünfte, Kirchen) aus, Touristinnen durch die *Eintragung* in bestehende, in der Regel berühmte Orte. In zeitlicher Hinsicht widmen sich Pilgernde ihren Erfahrungsgegenständen in der Weise dauerhafter, von Wiederholung durchsetzter *Erkundung*, während Touristen einem Verhaltensmuster der *Dringlichkeit* folgen.

Pilgern als Wandern plus x?

»Pilgern ist kein Wandern« behaupten viele Pilger, obwohl sie wie Wanderer zu Fuß gehen, touristische Infrastruktur nutzen und wetterbeständig bekleidet sind. Wer nur vom »Wandern« spricht, bezieht sich in der Regel bloß auf das physische Gehen, den Weg, die Landschaft, die zurückgelegte Strecke oder die eigene Leistung. Jenes gesuchte x, den Zusatzkick des Pilgerns, habe ich oben als inneres, spirituelles Moment bezeichnet. In früheren Zeiten ließ es sich erkennbarer als Glaubens- und Religionsbezug umschreiben. Heute ist das damit Angezielte diffuser geworden. Immer öfter ist es nicht die ausdrückliche Suche nach Gott, sondern eher die eigene Sinnsuche, die Suche nach sich selbst. Etliche Pilgernde finden sich in der Umschreibung des »Betens mit den Füßen« wieder. Umfassender könnte man mit Christian Antz vom Pilgern als vom »Wandern plus Sinn- und/oder Gottsuche«[18] sprechen. Beim heutigen Pilgern werden das bewusste Gehen des Weges und die dabei gemachten inneren Erfahrungen besonders kultiviert, z.B. durch das Schreiben eines Tagebuchs oder Blogs.

Vom Wandern lässt sich das Pilgern abgrenzen, indem man dessen grundlegende Handlungsmerkmale herausarbeitet.[19] Demnach ist dieses vor allem ein »Schwellenritual«, das transformierenden Charakter hat, die Person des/der Pilgernden also umformt. Denn beim Unterwegssein werden die Pilgernden in eine Art Schwebe- oder Schwellenzustand (»Zustand der Liminalität«) versetzt, der eine Umwandlungsphase darstellt. In ihr können neue Verhaltensweisen und Beziehungsmuster ausprobiert und herausgebildet werden. Der Schwellenphase kommen weitere Merkmale zu: In ihr bildet sich eine »Communitas«, eine besondere Art von Gemeinschaft heraus. In ihr behandeln sich im Gegensatz zum sozial abgestuften Muster sonstigen Zusammenlebens die Pilgernden tendenziell gleich und begegnen einander gemäß dem Ethos der Geschwisterlichkeit. Außerdem ist die Schwellenphase ein »Krisengenerator«: Sie vermag infolge des Abstands von gewohnten Sicherheiten des Alltags Krisen auszulösen; umgekehrt ist eine lebensweltliche, gesundheitliche, spirituelle oder religiöse Krise oftmals Anlass zum Pilgern. Des Weiteren führt der Verzicht auf den gewohnten Ess- und Wohnkomfort zur Einschränkung der Bedürfnisse und der zu ihrer Befriedigung beanspruchten Güter; er fördert damit die Konzentration auf Weniges und Elementares: auf das, was *jetzt* zählt. Insofern wirkt Pilgern als »Präsenzgenerator«. Für heutiges Pilgern ist außerdem Freiwilligkeit grundlegend. Es setzt geographische Mobilität voraus und ist auf Geld, Zeit und die Fähigkeit zum Umgang mit Fremdheit und Ungewissheit angewiesen.

Aus dieser Analyse ergeben sich zwei Folgerungen: Erstens liegt der Grund für die Attraktivität des Pilgerns genau in der beschriebenen Vielfalt seiner Leistungen: in der *Liminalität* (Pilgern als verwandelndes Schwellenphänomen), *Präsenzkultur*, *Krisis* und *Communitas*. Zweitens gerät das Pilgern in Gefahr, wenn es mehr und mehr von anderen Handlungsformaten, z.B. des Tourismus, der Gesundheits-, Wellness- und Outdoorindustrie, überlagert wird. Denn deren Professionalisierungs- und Kommerzialisierungstendenzen könnten auf das ursprüngliche Handlungsformat Pilgern durchschlagen: Nur Profis sind dann gefragt. Touristisch-spirituelle Schmalspur-Pakete werden geschnürt. Messbare Pilgerleistungen werden abgerufen.

Die Kosten fürs Pilgern steigen. Dies hat eine Säkularisierung, also eine unliebsame Entzauberung, des ursprünglich so großartigen, Horizonte eröffnenden Pilgerns zur Folge.
Die Tourismusforschung spricht ihrerseits von »Spirituellem Wandern« (»Spirituell« großgeschrieben) als einer der Unterkategorien des »Spirituellen Reisens« und hat dabei ausdrücklich den »jetzigen und künftigen Markt« im Blick.[20] Wo der Markt ins Zentrum rückt, gewinnt auch das Motiv an Bedeutung, Gewinn zu erwirtschaften. Wird aber Pilgern diesem Zweck unterworfen, so besteht die Gefahr, dass der Gehalt des »Spirituellen« ebenfalls von der Gewinnerzielung her definiert wird. Dann wird »Spiritualität« aller widerständigen, nicht gewinnbringenden Momente entkleidet; sie entartet zu einer leeren Manövriermasse des Tourismusgewerbes und profitorientierter »spiritueller Pilgerbegleiterinnen«. Entsprechend inhaltlich schillernd, schal und nichtssagend fallen viele kommerzielle Pilgerprogramme und Gestaltungen von Pilgerwegen aus. Sie nutzen das Umsatzsteigerung versprechende Label des Pilgerns mit seinem spirituellen Flair, bieten aber oftmals keine solide Füllung des Spirituellen. Vielmehr verwechseln sie es mit gut verkäuflicher Wellness – mit dem, was der Seele angeblich guttut.
Von dieser touristischen Wortschöpfung des »Spirituellen Wanderns« und seiner Unterwerfung unter Gewinninteressen grenze ich mein Verständnis des Pilgerns bewusst ab. Ich entwickle dessen Substanz – unter anderem – vom Gegenbegriff der Gewinnmaximierung her, nämlich von der biblisch gewiesenen Grundhaltung des *gratis*: »Umsonst habt ihr empfangen, umsonst sollt ihr geben« (Mt 10,8; vgl.

Röm 3,24). Wenn nichtkommerzielle, z.B. kirchliche Akteure »spirituelles Wandern« (»spirituell« in Kleinbuchstaben) anbieten im Sinne etwa eines Wanderns mit biblischen Impulsen oder eines kontemplativen Wanderns, dann mag dies dem nahekommen, was mir vorschwebt. Freilich unterscheiden sich derartige Wanderangebote vom Pilgern in der Regel durch ihre kürzere Wegstrecke und geringere Zeitdauer.

Was unterscheidet das zeitgenössische vom »alten« Pilgern?

Je nach den gesellschaftlichen und religiösen Bedingungen wandeln sich auch die Formen des Pilgerns. Darauf muss die Bestimmung des Pilgerbegriffs Rücksicht nehmen. Um das zeitgenössische Pilgern zu profilieren, grenze ich es vom »alten«, mittelalterlichen Pilgern ab.[21]

Die klassischen Pilger, z.B. nach Santiago de Compostela, waren durch Kleid, Umhang (»Pelerine«), Hut mit Jakobsmuschel, enge Pilgertasche und Pilgerstab unmittelbar als solche erkennbar. Zugleich wurden sie dadurch eindeutig in ihrer gesellschaftlichen Rolle und ihren Rechten definiert: Sie mussten vor ihrer gefährlichen Fernreise ihr Testament machen und eine Erlaubnis ihres Pfarrers oder Bischofs einholen. Diese mussten amtlich beglaubigen, dass die Pilger gute Christen seien, und deshalb an künftige Gastgeber die Bitte um freundliche Aufnahme anfügen. Außerdem bedurften die Pilger eines rituell vorgeschriebenen Pilgersegens ihres Pfarrers sowie des Versprechens der Heimatgemeinde, für sie zu beten. Pilger hatten (überwiegend) Anrecht auf Zoll- und Zinsbefreiung, auf (selbst zu bezahlende) Unterkunft, auf Befreiung von der Verpflichtung zur Blutrache und Entschuldung sowie auf die Gewährung von Rechtsstillstand während ihrer Abwesenheit. Laut dem in den Jahren 1145–1150 zusammengestellten *Buch des Heiligen Jakobus* sollte die Pilger weder die physische Nähe zu den Heiligenreliquien in Santiago motivieren, um sich von dort Heilung von Krankheit und Trost in der Trauer zu erhoffen; noch sollten günstige Beköstigung und Unterkunft während ihrer Reise maßgeblich sein, sondern allein die Hoffnung auf Sündenvergebung – »die Läuterung von Leib und Seele«.[22] Kurzum: Trotz einer gewissen Vielgestaltigkeit des europäischen Pilgertums war der »alte« Pilger eine gesellschaftlich hochgradig regulierte religiöse, wenn nicht kirchliche Sozialfigur. Diesen Typus trifft man in unseren Breiten nicht mehr an.

Der »neue« Pilger, die »neue« Pilgerin unterscheidet sich in mehrfacher Hinsicht von jenem mittelalterlichen Typus: Sie kennzeichnet weder ein offizieller Dresscode noch ein eigener Rechtsstatus mit Sonderrechten und Vergünstigungen. Heutiges Pilgern ist in vielfacher Hinsicht *Wahlpilgern*: Man kann, muss aber nicht pilgern; man kann sich einen kirchlichen oder nichtkirchlichen Rahmen inmitten vielfältigster Angebote an Wegen und Weisen aussuchen. Pilgernde können sogar die Selbstbeschreibung als »religiös« ablehnen und Grenzen zwischen Religionen eigenmächtig überschreiten. Der Typ des neuen Pilgers ist nicht notwendig religiös im Sinne des Glaubens an einen personalen christlichen Gott, sondern *spirituell* – »Spiritualität« hier verstanden als Öffnung des Menschen für das Geheimnis hinter seinem rational nicht verrechenbaren Leben. Statt dogmatisch festgelegt zu sein, ist diese Spiritualität sehr erfahrungsbezogen.

Spirituelle Pilgerinnen wollen nicht so sehr ein fest vorgegebenes Lebensziel bekräftigen und ihr Leben daraufhin ausrichten. Vielmehr machen sie sich auf den Weg, um ein solches Ziel zu entdecken. Im Folgenden werden Inspirationen ignatianischer Spiritualität daraufhin entfaltet, laufend in jenes Geheimnis hineinzufinden.

2. Ein ferner Pilger, der noch heute zum Pilgern herausfordert: Ignatius von Loyola (1491–1556)

Ignatius begriff sich als Pilger. Auch nachdem er bereits 18 Jahre lang in Rom sesshaft geworden war, behielt er in seiner Autobiographie diese Selbstbezeichnung bei. Deshalb heißen die meisten Ausgaben seiner Lebensbeschreibung »Bericht des Pilgers« (im Folgenden: BP). Doch dass er zum Pilger wurde, war aufgrund seiner Herkunft, Ausbildung und langjährigen Lebensweise keineswegs zu erwarten. Denn Iñigo López de Oñaz y Loyola – erst ab 1537 nannte er sich in latinisierter Form »Ignatius« – wurde 1491 auf Schloss Loyola geboren. Er stammte aus einem bedeutenden Adelsgeschlecht des Baskenlandes mit intensiven Beziehungen zum spanischen Königshaus. Dorthin, an den prachtvollen Palast in Arévalo, unweit von Madrid, kam der 14-Jährige von 1505 bis 1517 zur Ausbildung als Page in die Familie des königlichen Großschatzmeisters. Er lernte höfische Kommunikation, die Kunst guter Verwaltung und den Umgang mit Waffen. Während dieser Zeit wurde Iñigo ein Freund von Kleiderprunk und Wohlleben, mutwillig im Spiel, in Frauengeschichten und Raufereien. Nach dem Tod seines Gönners Velázquez (1517) wechselte er als Leibgardist und Diplomat zum Vizekönig von Navarra in Nordspanien. Bei der Verteidigung der Festung Pamplona gegen die anrückenden Franzosen wurde Iñigo 1521 durch eine Kanonenkugel an beiden Beinen schwer verwundet. Er wurde zur Genesung ins heimatliche Schloss Loyola gebracht und war zeitweilig dem Tode nahe. Dennoch war er gewillt, seine weltliche Karriere fortzusetzen: Als nach zwei Operationen ein Knochenstück unterhalb des Knies immer noch »derart hervortrat, dass es hässlich aussah«, ließ er es sich auf eigenen Wunsch »abschneiden«, trotz schier unerträglicher Schmerzen (BP 4): Es hätte ihn zum höfischen Dienst zugunsten einer hochgestellten Dame untauglich gemacht. Mehr zu gelten (»valer más«)[23] war Iñigos innerster Antrieb: Er war buchstäblich ehrgeizig und auf höchste Auszeichnung bedacht, sei es im Kampf mit Waffen oder im Streben nach der Gunst einer hochadeligen Dame.

Wie wurde Iñigo zum Pilger?

Heutige Pilgerinnen und Pilger kennen das: Sie brechen oftmals auf, um mit einer existenziellen Krise klarzukommen. Bei Iñigo war es ähnlich. Doch nicht seine Krise selbst – die gesundheitliche Misere und das drohende Zerplatzen seines höfischen Lebenstraums –, sondern die Art ihrer seelisch-geistlichen »Verarbeitung« weckte seinen Wunsch, nach Jerusalem zu pilgern. Während er das Bett hüten musste, bat er zum Zeitvertreib um Ritterromane, auf die er ganz versessen war (BP 5 und 17). Doch weil es im Schloss keine gab, musste der Genesende mit zwei frommen Büchern vorliebnehmen: einer Beschreibung des Lebens Christi und einer Sammlung von Heiligenlegenden. Das Lesen dieser Bücher befeuerte Iñigos Vorstellungskraft: Er malte sich aus, »was wäre, wenn ich täte, was der hl. Franziskus und was der hl. Dominikus getan haben?« (BP 7). Doch nach einiger Zeit kamen ihm die »Dinge dieser Welt« in den Sinn: »Er stellte sich vor, was er im Dienst einer Dame zu tun habe, welche Mittel er anwenden würde, um in das Land ihres Aufenthalts gelangen zu können, welche Sprüche und Worte er ihr sagen und welche Waffentaten er in ihrem Dienst vollbringen würde« (BP 6). Beide Vorstellungswelten machten ihm Vergnügen, *während* er sich jeweils in sie vertiefte.

Doch allmählich ging ihm folgender Unterschied auf: Sobald er ermüdet von der Vorstellung an »weltliche Dinge« abließ, »fand er sich trocken und unzufrieden. Wenn er jedoch daran dachte, barfuß nach Jerusalem zu gehen und nichts als Kräuter zu essen und alle übrigen Strengheiten zu üben, die er bei den Heiligen wahrnahm, da war er nicht nur getröstet, solange er sich bei solchen Gedanken aufhielt, sondern blieb auch zufrieden und froh, nachdem er davon abgelassen hatte« (BP 8). Die Wahrnehmung unterschiedlicher innerseelischer Bewegungen (mociónes), die im *Nachklang* zur Beschäftigung mit den beiden Lebenswegen aufstiegen, bildete für Iñigo also den Kompass für seine Entscheidung, zum Pilger zu werden. Jenen Unterschied zwischen »Trost« und »Misstrost« entfaltete er später in seinem Exerzitienbuch in »Regeln zur Unterscheidung der Geister« (EB 313–336) als Kunst zum Treffen von Lebensentscheidungen. Es geht zunächst darum, die inneren Regungen zu erspüren: anhaltende, nicht bloß kurz aufflackernde Freudigkeit und Zunahme an Hoffnung, Glaube und Liebe im Gegensatz zu Niedergeschlagenheit, Verwirrung oder Verfinsterung der Seele. Dementsprechend gilt es, die jeweilige Kraft zu erkennen, die in der Seele wirkt: den »guten Geist«, dessen Wirken zu einem liebevollen, gottgemäßen Leben hinzieht, oder den »bösen Geist«, der zu einem rein weltlichen, letztlich nicht

erfüllenden Leben verlocken will. Schließlich ist der Spur des »guten Geistes« zu folgen.
Genau dies tat Iñigo: Im Licht der wahrgenommenen Unterscheidung begann er, wie es moderne Pilgernde ebenfalls häufig zu tun pflegen, »ernsthafter über sein vergangenes Leben nachzudenken« (BP 9). Unmittelbar hier kommt die Pilgerfahrt nach Jerusalem ins Spiel: spontan als Idee (BP 8) und nach längerem Nachdenken als Ziel seiner Sehnsucht, ja seines Entschlusses: »[A]lles, was er sofort nach seiner Genesung zu tun verlangte, war die Idee einer Reise nach Jerusalem (...) mit so vielen Bußübungen und Entsagungen, wie eine großmütige, von Gott entflammte Seele sie gewöhnlich zu tun verlangt« (BP 9).

Warum wählte er Jerusalem als Pilgerziel?

Jerusalem »liegt im Zentrum der bewohnten Welt«[24], so las er im »Leben Christi« des Ludolf von Sachsen; und so entsprach es auch dem Verständnis des damaligen Europa, wie eine Weltkarte von 1535 zeigt: Sie stellt die Heilige Stadt als Mitte eines dreiblättrigen Kleeblatts zwischen den drei Kontinenten Europa, Afrika und Asien dar.[25] Vor dem Hintergrund der Kreuzzüge, der neuerlichen Einnahme Jerusalems durch die Osmanen (1517), der Reconquista (der christlichen Rückeroberung Spaniens aus muslimischer Oberhoheit) und des überseeischen Entdeckungs- und Eroberungsstrebens war zumal in Spanien der Wunsch sehr lebendig, das verloren gegangene Kleinod der Heiligen Stadt zurückzugewinnen. Zum anderen waren Pilgerfahrten ins Heilige Land »in den Jahrhunderten vorher, nicht zuletzt durch die Förderung der ›Katholischen Könige‹« (Isabella I. und

Ferdinand II.) auch im Baskenland »mächtig aufgeblüht«[26]. Überschwänglich empfahl Ludolfs »Leben Christi« die »heilige« Frömmigkeitsübung einer Pilgerfahrt ins Heilige Land: »Wer kann die vielen Beter zählen, die zu jedem seiner Orte hingehen und sie betreten und mit entflammtem Geist die Erde küssen, die Orte anbeten und umarmen, von denen sie wissen oder hören, dass Unser Herr dort war oder sich setzte oder etwas tat?«[27]

Diese sinnlich fassbare, möglichst reale Nähe zu Jesus Christus war auch Iñigos Hauptmotiv beim Vorhaben, nach Jerusalem zu pilgern. Dies zeigt die Beschreibung seines Aufenthaltes im Heiligen Land. Iñigo erreichte es im Jahr 1523 per Schiff: Er zählt nicht die besuchten Orte auf und erwähnt keine besonderen Rituale oder gar Bußübungen. Vielmehr erzählt der Pilger von seiner »großen Tröstung« und freudigen »Andacht«, die er »bei den Besuchen an den heiligen Stätten verspürte«, und von seinem »Vorsatz, in Jerusalem zu bleiben, die heiligen Stätten zu besuchen und den Seelen zu helfen« (BP 45 f.). An einer Stelle kommt die starke Sehnsucht Iñigos, »die innere Erkenntnis des Herrn« zu erlangen, »damit ich mehr ihn liebe und ihm nachfolge« (EB 104), detailversessen zum Ausdruck und überraschend zur Erfüllung: Am Vorabend seiner Abreise setzte er sich stillschweigend von der Pilgergruppe ab, um auf dem Ölberg noch einmal die laut Tradition in einen Stein »eingedrückten Fußspuren« Jesu vor dessen Himmelfahrt zu sehen. Dort betete er »mit tiefer Tröstung«. Doch bei einem Abstecher nach Bethfage »fiel ihm wieder ein, dass er auf dem Ölberg nicht richtig hingeschaut habe, an welcher Stelle der rechte und an welcher Stelle der linke Fußabdruck war. Also kehrte er dorthin zurück«

(BP 47). Doch nicht da, bei den irdischen Fußspuren Jesu, begegnete der Pilger seinem Herrn, sondern mystisch, als er auf seinem Rückweg von dem ihn suchenden Klosterdiener »heftig am Arm gepackt« wurde und sich »widerstandslos fortführen« ließ: Dort, als er abgeführt wurde, »empfing er von unserem Herrn große Tröstung. Es schien ihm, als sehe er Christus immer über sich« (BP 48).

Aus Sicherheitsgründen lehnte der Franziskanerprovinzial Iñigos Ansinnen, in Jerusalem zu bleiben, ab. Trotzdem ließ dieser Ort den Pilger nicht los: Während seiner Studien der Philosophie und Theologie in Paris (1528–1535) legten er und seine ersten sechs Gefährten am 15. August 1534 auf dem Montmartre das Gelübde ab, nach »Jerusalem zu gehen und ihr Leben dem Nutzen der Seelen zu widmen« (BP 85). Auch dieser Plan scheiterte, weil im geplanten Reisejahr 1537 wegen der Kriegserklärung Venedigs an die Türken keine Schiffe in den Nahen Osten ausliefen. Doch hatten Iñigo und seine Gefährten für den Fall, nicht nach Jerusalem pilgern zu können, in ihr Gelübde die Klausel eingefügt, nach Rom zu gehen und sich dem »Stellvertreter Christi anzubieten«. Dieser sollte sie dort einsetzen, wo es nach seinem Urteil »mehr zur Ehre Gottes und zum Nutzen der Seele gereiche« (BP 85). Auf dem Weg nach Rom, etwa 14 km davor in der Kirche La Storta betend, »schaute« Iñigo »klar, dass Gott, der Vater, ihn Christus, seinem Sohn, zugesellte« (BP 96). Der Wunsch des Pilgers, den irdischen Spuren Jesu in Jerusalem liebevoll nahe zu sein, erfüllte der auferstandene Christus auf spirituelle Weise, indem er ihn als seinen Gefährten annahm, damit er mit Ihm pilgernd suche, wie er Gott mehr dienen könne. Statt nach Jerusalem gelangte Iñigo nach Rom, wo er von 1537 bis zu seinem Tod am 31.7.1556 fruchtbar wirken konnte. Auch dies erleben moderne Pilgerinnen und Pilger: auf eine Weise und an Orte geführt zu werden, die sie selbst nicht geplant hatten.

Welche Erfahrungen machte Iñigo beim Pilgern?

Wir sind auf Iñigos Pilgertour ein wenig vorausgeeilt. Nachzutragen sind die Zwischenetappen, aber weniger die räumlichen Wege und Orte als die inneren Prozesse und geistlichen Erfahrungen, die dem Pilger zuteilwurden. Seinem Bericht zufolge lässt sich sein spiritueller Pilgerweg anhand mehrerer Wandlungsprozesse und wichtiger Einsichten nachzeichnen.

Iñigo distanzierte sich erstens bewusst von seiner höfischen Lebenswelt und wählte die leibhaftige Lebensform eines »armen Pilgers« – als solcher, »El pobre peregrino«, unterschrieb er auch seinen ersten Brief (BU 2). Er tauschte seine vornehme Kleidung gegen ein Pilgergewand aus »grob gewebtem und rauem Stoff, aus dem gewöhnlich Säcke gemacht werden«, und kaufte sich Pilgerstab und Trinkflasche (BP 16). Und weil er für die Pflege seines Körpers bisher besondere Sorgfalt hatte walten lassen, ließ er sich eine Zeitlang seine Fuß- und Fingernägel sowie seine Haare wild wachsen und kämmte sich nicht (BP 19). Für seinen Lebensunterhalt erbat er sich jeden Tag Almosen (BP 19). Auch die Schiffspassagen seiner Pilgerroute erbettelte er sich, trotz aller Einwände von Gesprächspartnern, die es für unmöglich hielten, auf diese Weise eine Überfahrt zu finden (BP 40). Und seit der Zeit in Manresa (bei Barcelona) lebte der Pilger immer wieder in Spitälern, das heißt in dürftigen Aufenthalts- und Versorgungseinrichtungen für Arme und auswärtige Kranke, mitunter in einer kleinen Klosterzelle oder, in Venedig, unter den Arkaden und bei einem großzügigen Gastgeber (BP 41). Pilgernd wurde also aus dem einst so reichen Höfling ein ungesicherter, bedürftiger Armer, der sich von anderen abhängig machte.

Tiefer noch ging ein zweiter, innerer Verwandlungsprozess: Anfänglich war Iñigos frommes Unterfangen von extremer Härte gegenüber anderen und vor allem gegenüber sich selbst bestimmt. Er hatte nämlich sein vormaliges ritterliches Ideal zunächst lediglich gegen eine äußerliche, asketische Orientierung an den Strengheiten büßender Heiliger getauscht, ohne sich deren spirituelle Haltungen anzueignen: das Gespür für »Demut, Liebe und Geduld« und die nötige »Urteilskraft« (BP 14). So wollte er einem Mauren, der die jungfräuliche Geburt Mariens geleugnet hatte, Dolchstöße versetzen (BP 15f.). Drei Tage lang hatte Iñigo im Kloster Montserrat in größter Sorgfalt eine Generalbeichte abgelegt. Dennoch plagten ihn im Städtchen Manresa, wo er elf Monate auf die Schiffsreise nach Italien und Jerusalem wartete, hartnäckige Skrupel, einige Dinge noch nicht gebeichtet zu haben (BP 22). Er betete täglich sieben Stunden, nahm an Chorgebet und Messe teil, beichtete häufig, holte geistlichen Rat und fastete streng – zuletzt eine ganze Woche lang (BP 25). Doch statt durch seinen Übereifer von seinem sehr bedrängten Zustand frei zu werden (BP 22), bekam er oftmals heftige Versuchungen, sich durch ein großes Loch in seiner Zelle zu Tode zu stürzen (BP 24). Von seinen selbstzerstörerischen Tendenzen kam Iñigo nur los mittels einer, wie er erkennt, gottgegebenen »Unterscheidung der Geister«: Beim vertieften Nachdenken über seine Sünden »überkam ihn Abscheu vor dem Leben, das er führte, und zugleich ein heftiger Antrieb, es ganz aufzugeben« (BP 25). Da ging ihm wie durch einen Weckruf Gottes auf, dass der böse Geist ihn durch Übertreibungen irregeführt hatte. Er beschloss deshalb, von den vergangenen Dingen nichts mehr zu beichten, beendete sein strenges Fasten und begrenzte seine Gebetszeit, um ausreichend schlafen zu können (BP 25f.). Nicht durch extreme Anstrengung, sondern durch Gnade, so der Pilger im Rückblick, wandelte er sich und fand zu Gelassenheit und Trost.

Begleitend zu diesen und weiteren Gnadenerweisen in Form von Visionen und Erleuchtungen (BP 28–30) ging in Iñigo ein weiterer Umformungsprozess einher: Seit seinem Krankenlager in Loyola bis zur – geschilderten – ersten, asketischen Phase in Manresa war sein Streben auf die *eigene* Umkehr und Vollkommenheit fixiert, gemäß seinem Bild der »Großtaten« der Heiligen (BP 14). Mit zunehmender Erkenntnis der verschiedenen Bewegungen seiner Seele und bestärkt durch vielerlei Trosterfahrungen »befasste er sich«, wie es auf einmal heißt, »damit, einigen Seelen, die ihn dort aufsuchten, in geistlichen Dingen zu helfen« (BP 26). Er »hegte an vielen Tagen den Wunsch, über geistliche Dinge zu sprechen und dafür aufgeschlossene Menschen zu finden« (BP 34). Dieses apostolische Motiv, den Seelen zu nützen, wurde zentral für die Identität und Sendung des Ignatius und seiner späteren Gefährten.

Ein beiläufig klingender Satz aus Iñigos Zeit noch in Loyola markiert eine weitere Erfahrung, die er bis in seine späten römischen Jahre hinein immer wieder machte. Sie stellt einen fruchtbaren Anstoß für heutiges Pilgern dar: »Den größten Trost empfing er, wenn er den Himmel und die Sterne betrachtete, was er viele Male und über lange Zeit hin tat. Denn dadurch verspürte er in sich einen großen Eifer, unserem Herrn zu dienen« (BP 11). Beim Pilgern kann man über die Natur ins Staunen, ja ins Verzücken geraten und dadurch zur Ehrfurcht gegenüber dem göttlichen Geheimnis angerührt werden. Iñigo hat dies so tief erfahren, dass er diesen Zugang über die Natur zu Gott am Höhepunkt seiner Exerzitien in der »Betrachtung, um Liebe zu erlangen«, systematisch entfaltete: Er lässt zunächst die »empfangenen Wohltaten von Schöpfung, Erlösung und besonderen Gaben ins Gedächtnis bringen«. Sodann lädt er ein, zu »schauen, wie Gott in den Geschöpfen wohnt: in den Elementen, indem er Sein gibt; in den Pflanzen, indem er belebt; in den Tieren, indem er wahrnehmen macht; in den Menschen, indem er Verstehen gibt«. In einem dritten Punkt lässt er »erwägen, wie Gott sich in allen geschaffenen Dingen auf dem Angesicht der Erde für mich müht und arbeitet«. Schließlich regt Ignatius den Beter/die Beterin an, zu »schauen, wie alle Güter und Gaben von oben herabsteigen«, so »wie von der Sonne die Strahlen herabsteigen, vom Quell die Wasser usw.« (EB 234–237). Es geht Ignatius also darum, durch alle geschaffenen Dinge »hindurchzuschauen« auf den in ihnen wirkenden Schöpfer; und sich dann zurückzubesinnen auf das, was ich selbst »von meiner Seite seiner göttlichen Majestät anbieten und geben« muss, um zu einer großherzigen Antwort der Liebe fähig zu werden. »Gott suchen und finden in allen Dingen« wird so zum Motto ignatianischer Spiritualität. Es ist zumal für das Pilgern in der Natur und mitsamt

der dabei leibhaftig erfahrenen menschlichen Geschöpflichkeit höchst bedeutsam.
Eine das Gesagte bündelnde und vertiefende Grunderfahrung formulierte Iñigo, als er in Manresa aus seiner unerleuchteten Eigenwilligkeit herausgefunden hatte: »In dieser Zeit behandelte ihn Gott auf dieselbe Weise, wie ein Lehrer in der Schule beim Unterricht unterweist« (BP 27). Die Erfahrung, unterwegs geführt zu werden und schrittweise gezeigt zu bekommen, worauf es im Leben ankommt, können Pilgernde auch in heutiger Zeit machen. Auf den vielen Abschnitten von Iñigos Pilgerstrecken – zwischen Loyola, Montserrat, Manresa, Barcelona, Venedig, Jerusalem, Ferrara, Genua, Alcalá, Salamanca, Paris, Oberitalien und Rom – lässt sich eine große Bandbreite äußerer und innerer Wegweiser ausmachen, mit deren Hilfe er seines Weges geführt wurde: Maßgeblich waren zunächst ganz handfeste Umstände, z.B. die nur zwei, aber entscheidende fromme Bücher enthaltende Schlossbibliothek in Loyola; die elfmonatige Wartezeit auf das nächste Schiff ab Barcelona, welche die geistliche Umkehr in Manresa ermöglichte; sowie die kriegsbedingte Absage der Schiffspassage nach Jerusalem, welche die Wendung nach Rom nach sich zog. Menschliches Zuraten – seiner Beichtväter (BP 25 und 35f.) und der ihn während einer Krankheit pflegenden frommen Frauen (BP 34) – mäßigte Iñigos Radikalität. Zu einschneidenden Richtungsänderungen zwangen ihn die Entscheidungen kirchlicher Obrigkeiten: jenes Verbot des Franziskanerprovinzials, im Heiligen Land zu bleiben (BP 46f.), und, später in Spanien, die Anweisung der Inquisition, erst gründlich zu studieren, bevor er die geistlichen Übungen in ihrer Vollform geben könne (BP 70) – deshalb brach der Pilger zum Studium nach

Paris auf. Innerlich auf Kurs brachten und hielten ihn die Unterscheidung der Geister, besondere geistliche Einsichten sowie ein unbeirrbares Gottvertrauen: »In seiner Seele trug er eine große Gewissheit, dass Gott ihm Gelegenheit geben werde, nach Jerusalem zu fahren« (BP 42).

Bemerkenswert an diesen vielfältigen Wegweisungen Iñigos erscheinen vier Aspekte: Er ließ sich von diesen »Markierungen« leiten und, wo nötig, korrigieren. Doch tat er dies in der Regel erst, nachdem er seine ursprüngliche Absicht hartnäckig bis zu jenem letzten Punkt verfolgt hatte, an dem sie sich als undurchführbar erwies. Sein Pilgern erweist sich somit als Zusammenspiel von zäher, aufs Ganze gehender Entschlossenheit und einem feinen Spürsinn für neue, überraschende Wegrichtungen. Dabei machte er, zweitens, die pilgertypische Erfahrung, dass gerade die auf den ersten Blick unliebsamen Umwege und Sackgassen (wie die durch den Kanonenschuss erzwungene Genesungszeit in Loyola, die von Skrupeln geplagte Wartezeit in Manresa, das zweimalige Scheitern der Jerusalempläne und der Absicht, in Spanien zu studieren) sich im Nachhinein als Segen erwiesen. Denn dadurch wurde ihm ein viel fruchtbarerer Lebensweg gezeigt. Seine durch etliche »Störungen« umgeleiteten Streckenabschnitte konnte er, drittens, deshalb annehmen und schrittweise als seinen ihm zugedachten Weg deuten, weil er sie immer feinfühliger als Fingerzeige Gottes zu lesen verstand. Umgekehrt bewegten ihn die sich nachfolgend als heilsam erweisenden Wegkehren dazu, sich immer vorbehaltloser der Führung Gottes und dem freigiebigen Suchen seines Willens anzuvertrauen. Aus seinem auf diese Weise fruchtbaren Pilgerweg erschließt sich auch die Programmatik seines epochemachenden Werkes, der *Exerzitien*: Der reife Ignatius umschreibt diese »geistlichen Übungen« als »jede Weise, die Seele darauf vorzubereiten und einzustellen, alle ungeordneten Anhänglichkeiten von sich zu entfernen und, nachdem sie entfernt sind, den göttlichen Willen in der Einstellung des eigenen Lebens zum Heil der Seele zu suchen und zu finden« (EB 1). Schließlich ist viertens hervorzuheben, dass sich Iñigos Pilgermodell wesentlich von der ritualistischen Pilgerpraxis seiner Zeit unterscheidet: Ihm geht es nicht um Zeremonien, wie sich vor einem Altar zu Boden werfen, den Pilgerstab entgegennehmen und ein Kleidungsstück mit einem Kreuz auf der Schulter anzulegen; auch nicht um die üblichen Gesänge des *Te deum* und des *Salve Regina* oder um Reliquien und Ablässe. Entscheidend ist für Iñigo vielmehr, dass Pilgernde ihren je eigenen Weg vor Gott entdecken, indem sie Antwort finden auf die ganz nüchterne Frage: Was muss ich für dich, Jesus, tun in dieser Welt?[28]

Welche Motive prägten sein Pilgern?

Das doppelte Zielmotiv, nach Jerusalem zu pilgern, wurde bereits genannt: Iñigo wollte Jesus Christus so konkret wie möglich nahe sein und den Seelen helfen. Der Ort für die Erfüllung dieses Motivs verlagerte sich für den pilgererfahrenen Ignatius, äußerlich gesehen, nach Rom. Entscheidend war freilich der innere Gehalt jenes Grundmotivs, und der erfüllte sich in einer ortsungebundenen Vorgehensweise: Ignatius entwickelte ein immer besseres Gespür dafür, die »Wegrichtung« bzw. den Willen Gottes zu erkunden und Ihm bzw. dem auferstandenen Christus in der wirksamen

Hilfe für die Menschen nahe zu sein. Das breite Wirkungsfeld des Ignatius in Rom zeigt die Fruchtbarkeit seines geistlich inspirierten Tuns: Er gründete dauerhafte Einrichtungen für Arme (u.a. zwei Waisenhäuser sowie ein Frauenhaus), predigte unter anderem Kindern und gab Exerzitien. Die Unterstützung der Großen seiner Zeit gewann er für seine apostolischen Unternehmungen auch weit jenseits des europäischen Kontinents. Er schrieb Satzungen für die allmählich Gestalt annehmende Ordensgemeinschaft der Jesuiten, inspirierte und leitete sie. Ignatius war zupackend tätig und zugleich innerlich bewegt, ja oft zu Tränen gerührt, wenn er für seine Entscheidungen vor Gott um die nötige Klarheit rang und sie dann auch fand.

Von diesem sich reich erfüllenden Zielmotiv lassen sich zwei andere Motive abgrenzen, die ich als »Unterwegsmotive« bezeichne. Denn sie waren für die Weise seines Pilgerns prägend: Ein erstes Leitmotiv des pilgernden Iñigo bestand darin, sein Vertrauen ganz und gar auf Gott zu setzen. Mit dieser Begründung lehnte er es ab, sich für seine Schiffsreise von Barcelona nach Italien einen Gefährten zu suchen, weil er im Notfall von diesen, nicht von Gott, Hilfe erwarten würde. Voller Gottvertrauen wollte er sich »auch ohne jeglichen Proviant« einschiffen (BP 35). Erst auf Zuraten seines Beichtvaters kaufte er sich den »nötigsten« Zwieback, den mitzunehmen ihn der Schiffseigner befohlen hatte. Die zu viel erbettelten Münzen ließ er jedoch auf einer Bank liegen, die nahe am Strand stand (BP 36). Auch im weiteren Verlauf der Jerusalemfahrt und seiner übrigen Pilgerwege übte sich Iñigo in diesem restlosen Gottvertrauen: Er war alleine unterwegs (BP 56, 73, 87) und teilte empfangene Almosen freigiebig mit

Ärmeren. Ihm blieb dann selbst nur das Allernötigste oder mitunter gar nichts mehr, nachdem er alle erbettelten Münzen an Bettler verteilt hatte (BP 50).

Pilgernd experimentierte Iñigo also mit einem restlosen Gottvertrauen, und dieses Experiment gelang: Immer bekam er ausreichende Mittel, um die angestrebten Ziele zu erreichen – ein Grund für vertiefte Gelassenheit und Dankbarkeit. Gleichwohl entwickelte er seine Auffassung dessen, was vollkommenes Gottvertrauen bedeutet, im Laufe seines Lebens weiter. Zunächst meinte er ja, es schließe den Einsatz menschlicher Mittel (die Absicherung durch Reisegefährten oder Geld) ganz und gar aus. Später lernte er zu begreifen, dass Gottvertrauen die Nutzung menschlicher Mittel mit einbeziehen muss. Denn, so seine Einsicht, Gott wirkt auch durch die natürlichen Mittel, will in ihnen als ihr Schöpfer anerkannt werden und wünscht die menschliche Mitwirkung mit ihm. Für dieses reife Verständnis des Gottvertrauens findet sich beim ungarischen Jesuiten Gabriel Hevenesi im Jahr 1705 folgende Formel: »Dies sei die erste Regel für das, was zu tun ist: Vertraue so auf Gott, als hinge der Erfolg der Dinge ganz von dir, nichts von Gott ab; wende ihnen jedoch so alle Mühe zu, als würdest du nichts, Gott - allein alles tun.«[29]

Das Gottvertrauen bestimmte Iñigos Unterwegssein im Sinne einer handlungsprägenden Voreinstellung. Ein zweites Leitmotiv war eher als tröstlicher Mitklang und geistliche Deutung bestimmter Erfahrungen maßgeblich. Es handelt sich um die besondere Weise, wie sich Iñigos Hauptwunsch, Jesus nahe zu sein, gerade dann erfüllte, als der Pilger in sehr missliche, unfreiwillig erlittene Zwangslagen geriet. Die erste derartige Szene am Ölberg wurde bereits erwähnt: Als er, vom Diener des Franziskanerklosters mitgezerrt, sich widerstandslos fortführen ließ, »schien ihm, als sehe er Christus immer über sich« (BP 48). Ausdrücklich benannt wird dieses Motiv, als der Pilger auf der Rückreise nach Barcelona in Oberitalien von Wachen als Spion verdächtigt und durchsucht wurde. Als die ihn halbnackt zum Hauptmann schleppten, »hatte der Pilger als Bild vor Augen, wie sie Christus vorführten«, und folgte deshalb mit Freude und Zufriedenheit ohne jede Traurigkeit (BP 52). In seiner erlittenen Ohnmacht und Gewalt erfuhr sich der Pilger genauso behandelt wie der leidende Jesus und zugleich von ihm, dem gegenwärtigen Auferstandenen, getröstet – und deshalb fähig, seine Lage guten Mutes anzunehmen. Drastischeres noch widerfuhr Iñigo an seinen spanischen Studienorten Alcalá und Salamanca: Wegen aufsehenerregender Bekehrungen von Menschen, die er geistlich unterwiesen hatte, verbrachte er 24 bzw. 22 Tage unschuldig im Gefängnis der Inquisition. Er verzichtete auf den von Gönnern angebotenen Rechtsbeistand und floh auch dann nicht aus dem Gefängnis, als dessen Türen offenstanden. Weil sich der Pilger in Schicksalsgemeinschaft mit dem zu Unrecht festgenommenen und angeklagten Jesus wusste, sagte er gelassen: »Derjenige, um dessen Liebe willen ich hier hineingekommen bin, wird mich auch wieder herausholen, wenn dies zu seinem Dienst ist« (BP 60). Gerade dort also, wo Iñigo auf seinem Pilgerweg durch harsche Behandlung und Freiheitsberaubung hart auf die Probe gestellt wird, bezeugt er, dass er sich gemeinsam mit Jesus als seinem Gefährten auf den Weg gestellt sieht: mit diesem armen göttlichen Pilger, der »von königlichen Thronen herabsteigend mit der Armut geboren werden und mit ihr aufwachsen wollte. Und er hat sie nicht nur im Leben geliebt, in dem er Hunger, Durst litt und nichts hatte, wo er sein Haupt hinlegen könnte, sondern auch im Tod seiner Kleider beraubt werden wollte, und dass ihm alles – selbst das Wasser in seinem Durst – fehle« (BU 185f). Dem aller Unbill irdischen Unterwegsseins ausgesetzten Jesus fühlt sich der Pilger Iñigo von Gott, dem Vater, zugesellt, wie ihm die Vision in La Storta 1537 bleibend eingeprägt hat. Mit dem kreuztragenden Auferstandenen kann er durch dick und dünn gehen. Seine Wegbegleitung schenkt ihm Trost, Durchhaltevermögen und Resilienz.

Wie Ignatius noch heute Pilger »zeugt«

Auf zweierlei Weise gibt Ignatius seine spirituellen Pilgererfahrungen weiter: buchstäblich, indem er dic Novizen seines Ordens, d.h. die Anfänger, die in die Lebensform des Jesuitenordens eingeführt werden, auf eine Pilgerreise schickt; mittelbar, indem er diejenigen, welche die Exerzitien empfangen, auf den von ihm entdeckten geistlichen Prägungsweg führt. Die Jesuitennovizen lässt Ignatius an seinen eigenen Pilgererfahrungen teilhaben, indem er sie einen Monat lang zum Pilgern aussendet. In den Ordenssatzungen (Sa) umschreibt er Ausführung und Sinn dieses »Experimentes« folgendermaßen: »für einen (…) Monat ohne Geld zu pilgern und vielmehr zu gegebenen Zeiten um der Liebe Gottes unseres Herrn willen an den Türen zu bitten, damit man sich daran gewöhnen kann, schlecht zu essen und schlecht zu schlafen, auch um alle Hoffnung, die man auf Geld oder auf andere geschaffene Dinge richten könnte, aufzugeben und sie mit wahrem Glauben und inständiger Liebe vollständig auf seinen Schöpfer und Herrn zu setzen« (Sa 67). Zur Bestätigung solle der pilgernde Novize vom entferntesten Ort – einer modernen Pilgerurkunde nicht unähnlich – »das Zeugnis einiger oder einer glaubwürdigen Person mitbringen, in welcher Weise er, seiner Andacht folgend und ohne dass sich jemand beklagt hat, dorthin gelangt ist« (Sa 75). Ignatius sieht eine flexible Durchführung dieses Experimentes vor: Je nach der Person, um die es geht, kann es auf zwei Monate verlängert werden oder zugunsten eines längeren Einsatzes in einem Spital ausfallen (Sa 67).

Aus dieser Kennzeichnung des Pilgerexperimentes seien vier Punkte hervorgehoben: Es ist erstens eine pädagogische Hilfe, die – wie auf Iñigos eigenem Pilgerweg – eine ganzheitliche Umkehr befördern soll. Sie dient dazu, einen schlichten Lebensstil und völliges Gottvertrauen einzuüben. Zu diesem Zweck wird, zweitens, das Pilgern radikal ausgestaltet: Ganz ohne Geld soll der pilgernde Novize losziehen und sich alles zum Lebensunterhalt Nötige unterwegs erbetteln. Diese Pilgerübung kommt, drittens, gänzlich ohne frommes ortsbezogenes Pilgerziel aus. Nicht ein Wallfahrtsort vermittelt die Gnade des ignatianischen Pilgerexperimentes, sondern die treue Ausführung einer geistlichen Übung auf dem Weg, in völligem Vertrauen auf das Handeln Gottes. Die vorgesehene Flexibilität, um das Pilgern an die Eigenart des jeweiligen Novizen anzupassen, nutzte Ignatius, viertens, indem er bei Eifrigen, »die sehr ihre Pflicht tun«, eher auf das Pilgerexperiment verzichtete, weil sie sich »zu sehr abmühen und leiden und in Krankheiten verfallen« (BU 537): Sie begingen den gleichen schädlichen Fehler des Übereifers wie einst er selbst.

Auch heute noch werden die Novizen des Jesuitenordens, nur mit einem Notgroschen versehen, einen Monat lang bettelnd zur Pilgerreise ausgesandt. Überrascht und beglückt erfahren sie meist, dass sie in ihrem Gottvertrauen nicht enttäuscht werden, sondern wohlbehalten und getröstet an ihr Ziel gelangen.[30] Es ist oftmals eine der nachhaltigsten Erfahrungen des Noviziats, eine prägende Einübung in die pilgernd mobile Lebensweise des Jesuiten. Sie besteht laut den Satzungen des Ordens darin, »in jeder Gegend der Welt unterwegs zu sein und unser Leben zu führen, wo der größere Dienst für Gott und die größere Hilfe für die Seelen zu erhoffen ist« (Sa 304).

Die zweite Weise, wie Ignatius Pilger »zeugt«, ist im übertragenen Sinn zu verstehen. Zielpublikum sind hier alle, die Exerzitien, also die geistlichen Übungen nach Ignatius, machen. Aus seinen eigenen spirituellen Erfahrungen beim Pilgern hat er sie als Sammlung methodischer Regeln und thematischer Gebetsanregungen entwickelt. Mit ihrer Hilfe durchlaufen die Übenden einen geistlichen Weg mit mehreren Etappen: Dankbar nehmen sie ihre Geschöpflichkeit wahr. Sie gewinnen Einsicht in ihre Sündhaftigkeit und bitten darum, sich von ihr abkehren zu können. Und dann gehen sie in ihren Meditationen den Weg Jesu von seiner Menschwerdung über sein öffentliches Handeln und Verkündigen bis hinein in seine Passion und Auferstehung mit. Ziel dieses Gebetsweges ist es, dass sie von ungeordneten Anhänglichkeiten frei werden und sich für eine Lebensweise entscheiden können, die der eigenen gottgegebenen Berufung »mehr« entspricht. Dieser Komparativ ist kennzeichnend für die ignatianische Spiritualität: Sie bewegt zu einer qualitativen Annäherung. Ignatius drückt dies mit einem Bild aus dem Erfahrungsbereich des Pilgerns aus: »Weil der Gegenstand [Gott; M.H.] unendlich ist, fehlt es der endlichen Fähigkeit nicht an Raum, um vorwärtszuschreiten« (BU 88). Schließlich wird nicht nur der Mensch als Pilger begriffen, sondern auch Gott selbst – nämlich als der, der zum Menschen hin unterwegs ist: als Liebhaber, der Initiative ergreift und »sich mir nach seiner göttlichen Anordnung zu geben wünscht, sosehr er kann«; als einer, der – wie am Kreuz sichtbar – »als Schöpfer gekommen ist, Mensch zu werden, und vom ewigen Leben und zu zeitlichem Tod, und so für meine Sünden zu sterben« (EB 231, 234 und 53). Indem der Mensch erkennt, welchen Weg Gott bereits auf ihn zu unternommen hat, und sich angesichts dessen fragt, was er für Christus tun soll, geschieht eine wechselseitige Begegnung zwischen dem menschlichen und dem göttlichen Pilger.[31]

Camino Ignaciano

Seit einigen Jahren gibt es überdies die Möglichkeit, den Spuren von Iñigos nordspanischem Pilgerweg aus dem Jahr 1522 leibhaftig zu folgen. Dieser *Camino Ignaciano*[32] ist 676 km lang und geht von Loyola im Baskenland über den Montserrat nach Manresa bei Barcelona. In 27 Tagesetappen von je etwa 25 km passiert er wichtige ignatianische Orte: den Wohnturm der Loyolas beim Städtchen Guipuzkoa; den marianischen Pilgerort Arantzazu; Navarrete, wo Iñigo finanzielle Verpflichtungen regelte; das katalanische Nationalheiligtum Montserrat; schließlich die Höhle in Manresa, wo Iñigo intensive geistliche Erfahrungen machte. Der Weg führt durch abwechslungsreiche Landschaften: durch Waldwege, Weinberge und Flusstäler, durch dicht besiedelte Industriegegenden und bizarr »zersägte« Berge beim Kloster Montserrat bis nach Manresa. Der Weg ist gut beschrieben und ausgeschildert und eignet sich sehr für eine ursprungsnahe Einübung ins ignatianische Pilgern.

3. Ein jesuitischer Pilgerrucksack: Spirituelle Übungselemente zum Pilgern

Welche konkreten Impulse lassen sich aus der vom Pilger Iñigo geprägten Spiritualität für den Vollzug heutigen Pilgerns gewinnen? Vor der Beantwortung dieser Frage sind drei Vorbemerkungen angebracht. Sie betreffen das Ziel des Pilgerns, den Umgang mit jenen Impulsen und den Charakter des Übens.

Wer ignatianisch pilgern will, sollte jenen Weg samt Zielort wählen, der ihm oder ihr persönlich besser zur Erreichung des spirituellen Ziels hilft. Auszuschließen sind Routen, die persönlich zu anstrengend, sehr überlaufen oder stark kommerzialisiert sind. Wege müssen nicht idyllisch sein, sollten aber doch, zumindest immer wieder, Raum zur Besinnung bieten. Wer länger pilgert, wird lernen, alle Umstände, so widrig sie erscheinen, als Anstöße zu innerem Wachstum und spiritueller Wandlung zu nutzen – mit dem Ziel, achtsamer in die göttliche Gegenwart hineinzulaufen, das eigene Leben entsprechend der eigenen Berufung zu ordnen und Gott und den Menschen liebevoller zu dienen.

Die folgenden Impulse sind als Anregungen zu verstehen, die in einen besonderen »Kommunikationsraum« hineingesprochen werden. Gewiss, sie wollen Anstöße für eine bestimmte Praxis sein. Doch wären sie missverstanden, würde man sie als fixe Anordnungen, Erfolgsrezepte oder Wundermittel begreifen nach dem Motto: »Mach das so, dann wirst du erfolgreich pilgern!« Sie rechnen vielmehr mit der Freiheit der

Übenden und mit der Wirklichkeit und Wirksamkeit des göttlichen Geheimnisses selbst: nämlich damit, »dass der Schöpfer und Herr selbst sich seiner frommen Seele mitteilt, indem er sie zu seiner Liebe und seinem Lobpreis umfängt und sie auf den Weg einstellt, auf dem sie ihm fortan besser dienen kann« (EB 15). Diese Impulse wollen Sie also, liebe Leserin, lieber Leser, dazu einladen, sie in bedachter Freiheit so zu nutzen, dass sie Ihnen besser zum genannten Ziel helfen. Wie? Indem Sie sich auf jenes wirkende göttliche Geheimnis einlassen und mit seiner Hilfe üben.

Damit ist ein weiteres Schlüsselwort ignatianischer Spiritualität gefallen: üben. Es bedeutet zunächst einmal, damit zu rechnen, dass die Umsetzung eines Übungsschrittes nicht bereits bei den ersten Versuchen gelingen muss. Üben verlangt vielmehr, immer wieder zu probieren und mit Ausdauer jene Aufgabe, um die es gerade geht, zu wiederholen, und zwar mit einer gewissen Leichtigkeit. Sie als Übende bieten nur Ihre Mitwirkung an einem Übungsschritt an – so gut es Ihnen möglich ist. Sie stellen sich gleichsam nur vorbereitend und vertrauend darauf ein, dass die Frucht des Übens von dem her geschieht, von dem alles Gute kommt (vgl. Jak 1,17) und der mit Ihnen mitwirkt. Die folgenden Pilgerimpulse sind also auf Ihr geduldiges Üben angewiesen, aber eben so, »als ob alles von Gott abhinge«.

Den Rucksack packen als Einübung ins Geschaffensein

Bereits vor dem Losgehen geht das Pilgern los: beim Packen des Rucksacks. Dabei stellen sich ernste Fragen: Was darf ich auf keinen Fall vergessen? Worauf kann ich notfalls verzichten? Welches Tragegewicht sollte ich nicht überschreiten? Pilgerbücher und -websites liefern Checklisten mit Anhaltspunkten für das »richtige Packen«[33]. Freilich müssen solche Packlisten an die je eigenen Bedürfnisse und Notwendigkeiten angepasst werden. In diesen praktischen Überlegungen, was ich mitnehme und was ich weglasse, stecken handfeste spirituelle Momente. Sie haben mit dem zu tun, was Ignatius in der ersten Übung seiner Exerzitien so anspricht: »Der Mensch ist geschaffen« (EB 23).

Dass ich geschaffen bin, meint zunächst, dass ich begrenzt bin in meiner Leistungsfähigkeit und in dem, wie viel ich beim Pilgern tragen kann. Indem ich mich darauf einstelle, das Gewicht meines Rucksacks auf das von mir gut zu Tragende zu beschränken, um leichtfüßig voranzukommen, stimme ich bereits der Realität zu, dass ich geschaffen bin. Indem ich meine Grenzen anerkenne, erkenne ich den Schöpfer an, der mich so geschaffen hat, wie ich bin. Um so unbelastet wie möglich pilgern zu können, muss ich Abschied nehmen von lieb gewonnenen Dingen – dies gilt für jede Pilgertour wie für das Leben überhaupt: indem ich mich löse von den tausend Dingen sesshaften Lebens, die mich hindern, auf mein Ziel zuzugehen. Dieses materielle Loslassen stellt zugleich ein Sinnbild für den ganzheitlichen spirituellen Loslösungsprozess während des Pilgerns dar: Welches seelische »Päckchen« muss ich ablegen, um meinen Weg unbelastet gehen zu können? Eine innere Unstimmigkeit, ein noch zu lösendes Problem kann sich in Form eines Unbehagens melden. Auch die ausstehende Klärung einer Beziehung kann gemeint sein. Ein bekannter Pilgerspruch lautet: »Wer anderen etwas nachträgt,

trägt schwer daran.« So kann mich also bereits das Rucksackpacken daran erinnern, was in mir und in meinen Beziehungen der Klärung und Versöhnung bedarf. Die dazu nötigen Prozesse werden in der Regel unterwegs geschehen, aber bereits vor dem Weggehen lassen sich erste Vorarbeiten dazu leisten: Man könnte zum Beispiel an eine Person, gegenüber der etwas zu bereinigen ist, einen Brief zu schreiben beginnen.

Das Rucksackpacken hat schließlich auch mit Risiken zu tun. Denn mit dem, was ich mitnehme, kann ich mich unmöglich gegen all das absichern, was mir unterwegs passieren könnte. Um zu pilgern, brauche ich das Vertrauen, dass mir das, was ich auf dem Weg jeweils brauche, dann auch zuteilwerden wird. Die Bergpredigt Jesu provoziert eine solche Sorglosigkeit: »Macht euch also keine Sorgen und fragt nicht: Was sollen wir essen? Was sollen wir trinken? Was sollen wir anziehen? (...) Euer himmlischer Vater weiß, dass ihr das alles braucht. Sucht aber zuerst sein Reich und seine Gerechtigkeit; dann wird euch alles andere dazugegeben. Sorgt euch also nicht um morgen« (Mt 6,31–34). Eine solche vertrauensvolle Grundhaltung wird mir bereits beim Packen meines Rucksacks abverlangt.

Vom Vorrang der Gnade: kein Start ohne Segen

Eben klang es an: Wer zum Pilgern aufbricht, setzt sich allen möglichen Unwägbarkeiten aus: Werde ich den Weg finden? Werde ich jeweils genug zu essen und eine Nächtigungsmöglichkeit haben? Halten meine Kräfte durch? Bin ich vor Gefahren sicher?

Treffe ich gastfreundliche Menschen, mit denen ich mich verständigen kann? Wird sich die Sehnsucht erfüllen, die mich antreibt?
Wie wir sahen, hatte der Pilger Iñigo bei allem Einsatz seiner menschlichen Fähigkeiten ein unbändiges Gottvertrauen. Von Gott erwartete und erbat er sich alles, auch das, was er mit seinen eigenen Kräften ausführen konnte. Auch wir dürfen und sollen vorab um das beten, was wir auf der Pilgerreise brauchen. Dafür ist seit 1078 ein Gebet verbreitet, das alle wichtigen Dimensionen des Unterwegsseins aufgreift und den Pilgernden Segen zuspricht. Dieses Ritual lässt sich symbolisch am passendsten mit Hilfe einer dritten Person – eines Priesters oder sonst einer Vertrauensperson – vollziehen, die für die Pilgernden betet und sie segnet. Das Gebet lautet folgendermaßen: »O Gott, du hast deinen Knecht Abraham aus der Stadt Ur in Chaldäa herausgerufen. Du hast ihn behütet auf all seinen Pilgerreisen. Du warst auch der Führer des hebräischen Volkes durch die Wüste. Wir bitten dich, behüte auch diese deine Diener, die aus Liebe zu deinem Namen zur Pilgerreise aufbrechen. Sei ihnen Begleiter während ihres Unterwegsseins, Führer auf ihrem schweren Weg, Kraft in der Müdigkeit, Verteidiger in allen Gefahren, Ruheort auf dem Weg, Schatten in der Hitze, Licht im Dunkel, Trost in Mutlosigkeit und Stärke in ihren Vorsätzen, damit sie unter deiner Leitung unbeschädigt ans Ziel ihrer Reise gelangen. Damit sie, reich an Gnade und Tugenden, heil zurückkehren können in ihre Heimat und dort gesund und voll steter Freude leben.«[34] Das Startritual kann man in einer Privatwohnung, auf einem öffentlichen Platz oder in einer Kirche vollziehen. Es kann ergänzt werden durch das Anzünden einer Kerze, durch Lieder

und Schriftlesung, zum Beispiel von Psalm 23 oder 121, und dadurch, dass jene dritte Person den Pilgernden – oder diese sich gegenseitig – mit Weihwasser ein Kreuz auf die Stirn zeichnet. Wenn sich vor dem Start keine Möglichkeit zu einem Pilgersegen bot, kann man den ersten Gastgebenden auf dem Weg darum bitten. Wie auch immer: Wer beim Aufbruch den Segen empfangen hat, kann am Ende die Wahrheit des alten Spruches erfahren: »An Gottes Segen ist alles gelegen.«

Meine Sehnsucht ins Gebet bringen

Wie sind Sie dazu gekommen, pilgern zu wollen? Hat Ihnen jemand von seinen wohltuenden Erfahrungen erzählt? Haben Sie einen spannenden Bericht gelesen oder einen Film gesehen? Da ist ein Funke auf Sie übergesprungen: Ja, das möchte ich auch! Dieser Antrieb, selbst pilgern zu wollen, mag Ihnen in seinem Gehalt zunächst noch nicht so ganz klar sein. Iñigos Wunsch, nach Jerusalem zu pilgern, entstand aus dem Vergleich der Empfindungen nach dem Lesen frommer Bücher und den Träumereien vom höfischen Leben. In seinen Exerzitien arbeitet der reife Ignatius gezielt mit der Sehnsucht als einer Grundkraft des Menschen. Sie ist für ihn ein von Gott geschenktes, wirksames Mittel, das den Menschen auf Gott hin in Bewegung bringt – ein geistliches Fortbewegungsmittel auf Gott zu. Er empfiehlt, ihr nachzuspüren und sie zu Beginn jeder Gebetseinheit vor Gott zu bringen: »Gott, unseren Herrn, um das bitten, was ich will und wünsche« – entsprechend dem jeweiligen Inhalt, um den es geht (EB 48). Das Ersehnte zu erbitten bedeutet auch, es loszulassen und absichtslos zu werden.

Beim Pilgern bieten sich zwei Zeiten an, der eigenen Sehnsucht ausdrücklich Raum zu geben: vor Beginn der Pilgertour und beim morgendlichen Start jedes Pilgertages. Für beide Situationen gibt die ignatianische Spiritualität den Rat: Halte inne und nimm dir Zeit, nachzuspüren und zu überlegen: Was suche ich beim Pilgern? Und dann bringe deine Sehnsucht ins Gebet: Bitte Gott um das, was du begehrst – echt und ungeschönt! Augustinus hatte seine Bitte in die schlanke Formel gefasst: »Lass mich mich erkennen, lass mich dich erkennen!«[35]

Vor der Pilgerreise legt sich eine ausgiebige Besinnung über die eigene Pilgersehnsucht nahe: indem man diese zunächst möglichst ungefiltert »hervorsprudeln« lässt, sie dann schriftlich festhält und gegebenenfalls beim erläuterten geistlichen Startritual miteinbezieht. Wer seine Beweggründe mit wohlwollender Aufrichtigkeit betrachtet, mag feststellen, dass einige von ihnen »verunreinigt« sind, etwa durch Ehrgeiz, Fluchttendenzen oder schieren Leistungswillen. Wer auf derartige Motive stößt, möge sie schmunzelnd zur Kenntnis nehmen; er oder sie wird dadurch bereits ein wenig Distanz zu ihnen einnehmen. Beruhigend ist – siehe den Pilger Iñigo –, dass auch gemischte Motive zum Aufbruch bewegen und sich unterwegs läutern können. In jeder Phase des Pilgerns können sich die Beweggründe ein wenig verschieben. Wie lässt sich ihre Kraft zum Vorangehen nutzen? Indem ich sie zu Beginn jedes Pilgertages als das, was ich begehre, je neu ins Wort und Gebet fasse.

Voller Staunen und Dankbarkeit: Von der Kunst der Wahrnehmung

An manchen Wegstrecken treffen Pilgernde auf Erscheinungen, die sie unmittelbar zum Staunen und Entzücken bringen, etwa blühende Kirschbäume, sanft wellige Hügel, »mystische« Nebelschwaden, die spirituelle Atmosphäre von Kirchen oder der Charme von Gastgebenden. Andere Gegebenheiten verlangen vertiefte Aufmerksamkeit, um nicht übersehen oder überhört zu werden: eine feinädrige Hibiskusblüte, eine gluckernde Quelle, das scheue Winken einer Passantin, die sich einstellende Klärung einer Frage oder feiner innerer Trost. Einiges scheint zu gewöhnlich zu sein, als dass es eigens auffällt: Der Weg verliert sich nicht spurlos im Gelände. Markierungen weisen zuverlässig die Richtung. Das Wasser ist trinkbar, das vereinbarte Nachtlager nicht anderweitig belegt. Die eigenen Kräfte halten durch.

Für die achtsame Wahrnehmung all dessen, was unterwegs begegnet, nutzt und kultiviert die ignatianische Spiritualität alle Sinne. Zur Einübung kann man sie bewusst schärfen, indem man sich eine bestimmte Zeit lang auf einen Sinn konzentriert: z.B. zehn Minuten auf das tastende Gehen mit den Füßen, dann auf das Hören, dann auf das Sehen, dann auf das Riechen, und dann wieder auf alle Sinne gemeinsam. Um schlichte Wahrnehmung geht es. Und wenn unweigerlich – und doch ganz normal – spontan aufsteigende Gedanken von ihr ablenken? Da gilt es, unaufgeregt und entschieden, so gut wie möglich, immer wieder zur Wahrnehmung zurückzukehren: Was zeigt sich jetzt? Dafür will ich offen sein! Sobald anhaltende Gefühle oder Regungen von Trost und Misstrost aufsteigen, ist auch ihnen Aufmerksamkeit zu schenken. Eindringlich rät Ignatius dazu, »die Dinge« – alles, was man erkennen kann – »innerlich zu verspüren und zu verkosten«. Denn erst dies »sättigt und befriedigt die Seele« (EB 2), nicht das oberflächliche Registrieren vieler Eindrücke. Beim Pilgern deutet sich in Qualitäten der Schönheit und Güte und zugleich über sie hinaus etwas Tieferes und Größeres an: eine tröstliche Spur dessen, den wir »Gott« nennen. Wer sich durch Erfahrungen des Schönen und Guten berührt, beschenkt und getröstet erfährt, empfängt darin, wie Ignatius formuliert, eine »Mitteilung« des »Liebenden«: des Gottes, der »dem Geliebten gibt und mitteilt, was er hat, oder von dem, was er hat oder kann« (EB 231). Es geht somit darum, in den wahrgenommenen Gaben der Schöpfung den Schöpfer selbst anzuerkennen und ihm dafür Dank zu sagen. Was als modische Begleiterscheinung modernen Pilgerns missverstanden werden könnte, nämlich das Schreiben eines Tagebuchs oder Blogs, kann ausdrücklich für dieses Ziel genutzt werden: alle Wohltaten des Tages noch einmal zu sammeln und vertiefend dankbar zu verkosten.

Die Bibel als Proviant: vom Kauen des Evangeliums

Wer längere Strecken pilgert, wird feststellen, wie sein Kalorienverbrauch steigt. Er oder sie wird sich eine größere Portion für die Rast unterwegs mitnehmen, auch Snacks für zwischendrin. Auch in spiritueller Hinsicht bedürfen Pilgernde einer ständigen »Energiezufuhr«. Dies gilt umso mehr, je anstrengender oder eintöniger der Weg verläuft. Eine erste Quelle spiritueller Energie wurde bereits genannt: das dankbare Verkosten all dessen, was während der Pilgerreise begegnet. Das Wahrgenommene lässt sich deuten, vertiefen und anreichern durch einen weiteren »Energielieferanten«: die biblische Botschaft. Es existiert ja eine große Nähe zwischen dem Pilgern und der Bibel, weil die Gotteserfahrungen vieler biblischer Figuren unterwegs geschehen sind. Die Heilige Schrift ist *die* Verstehenshilfe dafür, wie Gott an Menschen handelt. Die Beschäftigung mit ihr regt Menschen zum Dialog mit Gott an und formt sie gottgemäß.

Es läge hier nahe, biblische Schlüsselszenen für das Pilgern zu erschließen, z.B. Joh 1,37–39 für das Erspüren der eigenen Sehnsucht; den Wanderpsalm 23 oder die Wallfahrtspsalmen, z.B. Ps 121 und Ps 122; die Anweisung für die Ausrüstung der Jünger in Mt 10,9–13; den »Durchblick« durch die Geschöpfe zur Fürsorge Gottes in Mt 6,26–32; Jesus als »der Weg« in Joh 14,6. Stattdessen will ich Sie, lieber Leser, liebe Leserin, selbst dafür gewinnen, pilgernd die Heilige Schrift zu meditieren und an ihr zu »kauen«.

Wie kann das geschehen? Während des Gehens wäre das Hervorholen und Lesen der Bibel, in Buchform oder per Handy, nicht praktisch, zumal wenn man Stöcke nutzt. Es liegt somit nahe, *vor* der jeweiligen Etappe in der Heiligen Schrift zu lesen. Am besten beginnt man damit bereits am Vorabend, um ihre Botschaft ein erstes Mal ins eigene Vorstellungs-, Denk- und Empfindungsvermögen »einsickern« zu lassen. Am Morgen vor dem Start empfiehlt sich eine zweite Lektüre, und in Gehpausen eine Nachlese. Ignatius rät, sich bei der Betrachtung biblischer Texte aller Sinne zu bedienen, sich also mit ganzer Vorstellungskraft geradezu wie in einen Film in die biblische Szene hineinzuversetzen: die Personen zu sehen; zu hören, was sie sagen; anzuschauen, was sie tun; und ergänzend sogar den Geruchs-, Geschmacks- und Tastsinn zu gebrauchen (EB 112–116, 124–126).

Während des Gehens kann man auf zweierlei Weise mit der Bibel beten: indem man eine begrenzte Zeit, z.B. eine halbe oder ganze Stunde nach dem Start, für ihre Meditation im Schweigen reserviert; oder indem man buchstäblich beiläufig, ohne zeitliche Grenze während des Tages spontan das aufsteigen lässt, was vom Wort der Schrift ins Bewusstsein dringt. Dann kann es passieren, dass sich der biblische Text unterwegs wie von selbst auslegt und dass »laufend« etwas von seiner Bedeutung für das eigene Leben aufgeht. In der Regel wird erst im Nachhinein am Trost des brennenden Herzens erkennbar, dass – ähnlich wie bei den Emmaus-Jüngern – der, um den es ging, Gott bzw. Jesus Christus, sich unterwegs den Pilgernden zugesellt und ihnen den Sinn der Schrift erklärt hat (Lk 24,13–27). Die Heilige Schrift ist dann zu einem nahrhaften Proviant geworden, der sich auf dem Weg kauen und verkosten lässt.

Für die Auswahl des biblischen Stoffes gibt es zwei Möglichkeiten: Die erste besteht darin, ein biblisches Buch bzw. ein Evangelium fortlaufend zu betrachten, sich also jeden neuen Tag den nächsten, überschaubaren Abschnitt vorzunehmen, der einen anspricht. Dazu empfehlen sich insbesondere das Lukas- und das Markusevangelium, die Bücher Genesis und Exodus (1. und 2. Buch Mose) oder die Psalmen. Als zweite Alternative bietet sich an, gemäß dem liturgischen Kalender der Kirche jeden Tag das dafür vorgesehene Evangelium und/oder die Lesung zu wählen. Für beide Möglichkeiten gibt es Apps[36], die sich per Handy gewichtssparend nutzen lassen; alternativ kann man eine kleine Bibel[37] oder Broschüre[38] mitnehmen. Für die Betrachtung biblischer Texte gilt die erwähnte Anweisung des Ignatius: sich nicht vieles, also keine langen Textpassagen vornehmen; sondern lieber bei einem kurzen Vers oder Abschnitt so lange verweilen und ihn auskosten, bis sich sein Gehalt vertieft erschlossen hat.

Für den Ablauf eines solchen Betens mit der Bibel empfehlen sich folgende Schritte: zu Beginn die Vergegenwärtigung, dass Gott jetzt präsent ist; dann die Bitte um das, was ich begehre, hier zum Beispiel die Bitte, Jesus als meinen Gefährten besser kennen, lieben und ihm folgen zu lernen; danach die – immer wieder von Frage, Bitte, Dank an Gott durchsetzte – dialogische Beschäftigung mit der Schriftstelle; und am Schluss die zusammenfassende, dankbare Würdigung dessen, was mir bei der Schriftbetrachtung aufgegangen ist, sowie ein *Vaterunser*.

Pilgerbeziehungen ignatianisch deuten

Selbst wenn Pilgernde alleine aufbrechen, treffen sie unterwegs unweigerlich andere Menschen und sind von ihnen abhängig: Sie brauchen Menschen, die ihnen Nahrung und Unterkunft geben, den Weg zeigen und Zeit und ein gutes Wort für sie haben. Beziehungen von Pilgernden zu Gastgebenden und anderen Mitpilgernden werden als menschlicher und bedeutungsvoller erlebt als die Kontakte üblicher Touristen zu ihren Hoteliers und Mitreisenden. Doch entsteht jene beglückende Beziehungsqualität nicht ohne den aktiven Beitrag der Pilgernden selbst. Denn sie müssen neue Kontakte knüpfen wollen und für die Beziehungsangebote anderer offen sein. In fremden Kulturen und oftmals ohne Kenntnis der Landessprache wird ihnen mühsam abverlangt, das, was ihnen am Herzen liegt, auszudrücken und ihre Gesprächspartner zu verstehen. Spätestens in der Rückschau zeigt sich, dass gelungene Begegnungen, so kurz sie mitunter dauerten, zu den kostbarsten Highlights der gesamten Pilgertour gehören: dass in brüllender Mittagshitze ein Anwohner den Pilger zu Espresso und kühlem Wasser in eine schattige Laube einlädt; dass Pilgernde die letzte Dose Bier miteinander teilen und sich ein geradezu intimer Austausch ergibt; dass Gastgebende sich eine ganze Mahlzeit lang der Pilgerin intensiv widmen; dass ein Mitpilger den Rucksack eines erschöpften Gefährten mitträgt; dass eine Herbergsmutter einen berührenden Pilgersegen spendet … Es sind nicht bloß solche Gaben an sich, die Pilgernden wohltun, sondern ebenso ihre Begleitmusik: der freundliche Ton, das Lächeln, die zuvorkommende Aufmerksamkeit, der Humor oder die Vertrautheit.

Spiritualität in der Spur des Pilgers Iñigo kann dazu beitragen, liebevolle Beziehungen beim Pilgern zu fördern: indem sie hilft, diese zu »entziffern« und zu mehren. Die Zuwendung anderer zu entziffern meint, in jenen Gesten und Handlungen eine besondere Qualität zu entdecken – ebenjene Güte, die in ihnen steckt. Als Sehhilfen dazu eignen sich zwei Bibelstellen und ein ignatianisches Schlüsselwort.

Ein erster Hinweis gibt der Bibelvers »Umsonst habt ihr empfangen, umsonst sollt ihr geben« (Mt 10,8). Steckt nicht in den Kontakten, die Pilgernde als beglückend erfahren, jenes Moment, dass sie etwas geschenkt bekommen? Genauer: dass sie etwas unerwartet, überraschend geschenkt bekommen? Etwas, das mehr und anders ist als das, was dem ökonomischen Kalkül (»Ich gebe dir, damit du mir gibst«) entspricht? Blitzt nicht in diesem gratis empfangenen Überschuss an Zuwendung etwas von jener grundlosen, absichtslosen Liebe auf, die Gott selber ist?

Ein zweiter biblischer Anstoß lässt sich jener Szene entnehmen, bei der Jesus im Tempel die arme Witwe bestaunt, die nur zwei kleine Münzen in den Opferkasten legt (Mk 12,41–44). Diese Frau, die selbst kaum das Nötigste zum Leben hatte, schenkte alles her, was sie besaß. Jesus erzählt es seinen Jüngern voller Hochachtung; denn diese Gabe stellt für ihn weit mehr dar als die weit höheren Summen der Reichen. Auf das Pilgern übertragen besagt diese Bibelstelle, das zunächst als so selbstverständlich und geringfügig Erachtete, was in Blicken, Gesten und Gaben anderer Menschen anteilnehmend entgegenkommt, mit ebenjenem Staunen Jesu zu würdigen: Könnten wir nicht versuchen, wie Jesus im »Kleingeld« des Gegebenen die große, ganze Gabe anzuerkennen?

Was sich in zwischenmenschlichen Erfahrungen ereignet, lässt sich schließlich mit Hilfe der Definition der Liebe deuten, die Ignatius im Exerzitienbuch vorlegt: Diese besteht für ihn in »Mitteilung von beiden Seiten: nämlich darin, dass der Liebende dem Geliebten gibt und mitteilt, was er hat, oder von dem, was er hat oder kann; und genauso umgekehrt der Geliebte dem Liebenden« (EB 231). Wo Pilgernde untereinander, mit Gastgebenden oder mit Menschen am Weg in einen – noch so unscheinbaren – Austausch an Worten, Gesten und Gaben hineingezogen werden und etwas von sich mitteilen, da ereignet sich das Größte von allem: Liebe. Darin verbirgt und sagt sich Gott selbst aus (1 Joh 4,8–16). Wo diese Wechselseitigkeit an

Mitteilungen in Gang kommt, da wird Liebe nicht nur entdeckt, sondern da kann sie auch wachsen. Wo nämlich die Gabe der einen Seite von der anderen Seite wahrgenommen und wertgeschätzt wird, da wird auch diese veranlasst zu überlegen: Was muss ich meinerseits anbieten und geben, um von dem mitzuteilen, was ich habe oder kann? Liebe bleibt nicht stehen, begnügt sich nicht mit dem Status quo des als üblich Geltenden, sondern geht »weiter«, gibt »mehr« und stößt damit eine Dynamik an Mitteilungen von je größerem Wert an. Ein solches Je-mehr an Liebe will die ignatianische Spiritualität fördern.

Pilgern als Einübung in die Kontemplation

Die Natur ist eine gute Lehrmeisterin der Kontemplation. Denn sie ist einfach da: Bäume und Blumen, Wiesen und Weizenfelder, zwitschernde Vögel und Bergketten am Horizont, Sonne und Schatten. Pilgernde brauchen erst etwas Zeit, um in die absichtslose Wahrnehmung dessen, was ihnen unterwegs begegnet, hineinzufinden. Zunächst beschäftigt sie noch, was sie zu Hause zurückgelassen haben. Dann melden sich neue Sorgen, die unmittelbar mit dem Pilgern zu tun haben: Ist das der richtige Weg? Wird es mit der Unterkunft klappen? Wird der Rucksack weiterhin so arg drücken? Es braucht eine Zeit der Eingewöhnung in die neue Daseinsweise. Zunächst gilt es, schrittweise in einen ruhigen, eigenen Rhythmus des Gehens hineinzufinden. Erst allmählich, entschleunigend wird man sich an das herantasten, was Kontemplation meint: reine Wahrnehmung der Gegenwart. Wie beim Sitzen auf einem Meditationshocker werden auch die Bemühungen um Kontemplation beim Pilgern immer wieder »gestört« durch spontan auftauchende Gedanken und Gefühle. Hinzu kommen wechselnde äußere Erscheinungen entlang des Weges. Beharrliches Üben ist deswegen angesagt, um sich angesichts bewegter äußerer und innerer Bilder und Stimmen immer wieder neu auf die GEGENWART zu besinnen.

Um in sie hineinzufinden, hat es sich beim Pilgern bewährt, mit den Füßen zu beginnen und zunächst zu verspüren, wie sie bei jedem Schritt den Boden berühren. Man kann dies anfangs zum Beispiel 15 Minuten lang üben und im Laufe des Tages mehrmals wiederholen. So einfach diese Übung ist, so sehr hilft sie dazu, aus dem Karussell der Gedanken auszusteigen und geerdet in die einfache Gegenwart einzutreten. Als nächster Übungsschritt sei empfohlen, auf den eigenen Atem zu achten, wie er kommt und geht. Dies meint kein künstliches Kontrollieren, Korrigieren oder gar Pressen des Atems, sondern sein ungezwungenes Kommen- und Geschehenlassen, auf das die eigene Aufmerksamkeit gelenkt wird. Sie verfeinert sich, wenn man wahrnimmt, wie die ein- und ausströmende Luft das Naseninnere berührt oder wie die beiden Luftströme unterschiedlich warm sind. Nach einer gewissen Übungszeit wird man gewahr, wie der Rhythmus des Atmens mit dem des Gehens in Einklang kommt. »Gerahmt« von diesem Geh- und Atemrhythmus, kann man sich nun daranmachen, sich eine Zeit lang dem Hören hinzugeben, danach dem Schauen, bevor man dann, je nach Situation, abwechselnd mal stärker den einen, mal den anderen Sinn gebraucht.

Wie bei Etüden, Anfängerübungen für das Klavierspielen, mag die hier vorgestellte Einübung in die kontemplative Wahrnehmung etwas mechanisch wirken. Es geht jedoch nicht um Sinnenfertigkeit, sondern darum, je neu gegenwärtig zu sein. Diese Sinnes- und Geistesgegenwart ist ein passives, empfangendes Geschehen, das freilich auf einer aktiven Willensentscheidung beruht: Ich will jetzt ganz da sein! Was ist die Frucht dieser Übung der Kontemplation? Ich lasse davon ab, um meine Sorgen zu kreisen, und gelange immer mehr dazu, mich von der Wirklichkeit mit all ihren Wundern und Überraschungen beschenken zu lassen. Ich lerne zu staunen wie ein Kind, werde mehr und mehr dessen gewahr, was mir *jetzt* begegnet. In dieser Gegenwart verbirgt sich der, von dem die Heilige Schrift bezeugt: »Ich bin, der ich bin« (Ex 3,14).

Diese Kontemplationsübung lässt sich vertiefen, indem man in den Atem ein Wort hineinlegt. Man beginne damit, in das Ausatmen ein einfaches »Ja« einzufügen. Je nach Tempo und Wegneigung mag es sich nahelegen, diese Silbe nur in jedem zweiten oder dritten Zug des Ausatmens innerlich tonlos mitzusprechen. Das »Ja« kann als Zustimmung zur eigenen Person und zur ganzen Wirklichkeit verstanden werden. Doch um gedankliche Beschäftigung mit seiner Bedeutung geht es hier nicht. Vielmehr soll auch dieses Wort zur Sammlung helfen, um mehr der Gegenwart innezuwerden. Wenn man nach einiger Übungszeit in den rhythmischen Gleichklang von Schrittfolge, Ausatmen und dem inneren Sprechen des »Ja« hineingefunden hat, kann man dazu übergehen, das »Ja« durch »Jesus« zu ersetzen. Dazu verbindet man das Sprechen dieses Namens mit dem Ausatmen. Paulus schreibt ja im Zweiten Korintherbrief: »In ihm ist das Ja verwirklicht. Denn er ist das Ja zu allem, was Gott verheißen hat« (2 Kor 1,19). Hat man auch dies längere Zeit praktiziert, kann man schließlich zur Vollform übergehen und »Jesus« in das Ausatmen, »Christus« in das Einatmen legen. Anfangs mag dies reichlich ungewohnt sein. Man wird sich »verstolpern« und ganz von der technischen Ausführung der Übung beansprucht sein. Auch hier ist es gut, mit einer begrenzten Übungszeit von etwa 15 Minuten zu beginnen, dann abzulassen und nach einer gewissen Zeit erneut zu üben. Die Übung selbst soll ohne selbst gemachte bildliche Vorstellung erfolgen. Sie enthält lediglich das innere Sprechen des Namens – ein Sprechen, das eher ein Lauschen nach innen darstellt. Man achte darauf, gelassen und sanft zu üben und mit dem Namen auf die Gegenwart ausgerichtet zu sein. Der Name wird auf Dauer seine wohltuende Wirkung von selbst entfalten. Nach längerer Übung wird man feststellen, dass das Sprechen des Namens Jesu Christi wie von selbst einsetzt. Spätestens dann wird ansatzweise erfahrbar: In seinem Namen geht der göttliche Pilger selbst mit, der ja, wie die Bibel bezeugt, mit uns ist (Mt 28,10; 1,23) und mit uns wandert (Lk 24,15).

Das Gebet der liebenden Aufmerksamkeit

Von Ignatius von Loyola ist eine Form des Gebets überliefert, die ihm als die wichtigste geistliche Übung galt. Heute wird sie als »Tagesrückblick« oder »Gebet der liebenden Aufmerksamkeit« bezeichnet. Diese Gebetsform beruht auf der Überzeugung, dass Gott sich in allem mitteilt und deshalb auch in allem gesucht und gefunden werden kann: in der ganzen Breite und Tiefe alltäglicher Erfahrungen, nicht nur in ausdrücklich frommen Ritualen. Mit dem Gebet der liebenden Aufmerksamkeit ist es so, wie wenn man von einem erhöhten Aussichtspunkt auf die letzte Wegetappe zurückschaut: Man staunt und freut sich über die schöne zurückgelegte Strecke. Man bemerkt aber auch ärgerliche Umwege, die man sich geleistet hat, und nimmt sich vor, künftig wachsamer zu sein und solche Fehler zu vermeiden. Es geht also sowohl um eine Würdigung des Empfangenen als auch um Manöverkritik – anders gesagt: um die Pflege einer religiösen Kultur der Dankbarkeit und um das Erlernen der Fähigkeit, auf Gottes Fingerzeige feiner zu achten und ihnen zu folgen.

Als Zeitpunkt für dieses zurückschauende Gebet empfiehlt sich der Abend, sei es unmittelbar vor dem Schlafen, sei es zuvor bei einem kleinen Spaziergang oder an einem ungestörten Ort. Der Vollzug des Gebets beginnt mit einem Akt der Sammlung: dass ich einen Augenblick still werde, den Atem spüre und mich in Gottes Gegenwart stelle: »Du bist da, danke!« Sodann folgt die Eröffnungsbitte: »Gib, dass ich jetzt dankbar und ehrlich auf diesen Tag schauen kann!« Um in die Spur der Dankbarkeit und damit in die Weise, wie Gott auf mich schaut, hineinzufinden, lasse ich zunächst gute und wohltuende Momente des Tages aufsteigen und drücke dafür Gott meine Dankbarkeit aus. Danach gehe ich Stunde um Stunde des Tages durch und nehme auch diejenigen Ereignisse in den Blick, wo ich lieblos gehandelt habe, und bitte Gott dafür um Verzeihung. Auch Empfindungen aller Art dürfen Raum einnehmen; auch über sie komme ich mit Gott ins Gespräch. Ich schließe mit einem Vorausblick auf das, was ich morgen besser machen will, und auf meine Pläne für den kommenden Tag. All dies vertraue ich Gott an und ende mit einem »Vaterunser«. Die Einsichten der liebenden Aufmerksamkeit lassen sich mit Hilfe eines Tagebuchs festhalten, was die Fruchtbarkeit dieses ignatianischen Gebets steigert. Eine solche Praxis verdoppelt und verfestigt die Dankbarkeit für das, was ich tagsüber empfangen habe. Diese Tugend ist für Ignatius zentral. Er schreibt, dass »unter allen vorstellbaren Übeln und Sünden die Undankbarkeit eines der vor unserem Schöpfer und Herrn und vor den Geschöpfen (…) am meisten zu verabscheuenden Dinge ist, weil sie Nichtanerkennung der empfangenen Güter, Gnaden und Gaben ist, Ursache, Ursprung und Beginn aller Sünden und Übel; und umgekehrt, wie sehr die Anerkennung und Dankbarkeit für die empfangenen Güter und Gaben sowohl im Himmel wie auf der Erde geliebt und geschätzt wird« (BU 537).

4. Pilgernd Gott in allem suchen und finden

Juan de Polanco, der Sekretär des Ignatius, schrieb in dessen Auftrag in einem Brief, dass jener »es mehr billigt, in allen Dingen, die man tut, Gott zu finden zu suchen, als dem Gebet viel zusammenhängende Zeit zu widmen« (BU 344). Was für eine Formulierung: in allem, was man tut, Gott zu finden zu suchen! Sie passt aus zwei Gründen sehr gut zum Pilgern: Jedes Tun kann zum Feld der Gottsuche werden. Diese beschränkt sich nicht auf abgesonderte heilige Orte und fromme Rituale, sondern kann sämtliche Lebensvollzüge einschließlich des Pilgerns einbeziehen. Und das Zweite: Die Wendung »Gott zu finden zu suchen« verweist darauf, dass Gott Geheimnis bleibt und darum nur gesucht werden kann; er ist kein Gegenstand, den man feststellt wie die Dinge und Ereignisse dieser Welt. Jedes »Finden« jenes göttlichen Urgrundes und Zieles und jener tragenden Mitte zieht weiteres und tieferes Suchen und Tasten nach sich. Dieser Suchvorgang nach dem Schatz, der sich in und hinter allem Tun verbirgt, entspricht dem dynamischen Grundvollzug des Pilgerns. Es stellt ja ein Suchen nach äußerer und innerer Orientierung, ein Unterwegssein hin zu einem Ziel dar. Im Folgenden sollen einige Grundhaltungen und Grundeinsichten ignatianischer Spiritualität erläutert werden, die dazu helfen, Gott zu finden zu suchen.

Ehrfurcht vor dem »Ich-bin-da«

Am Unscheinbaren und Gewöhnlichen kann sich Großes entzünden, so wie bei Mose, als er einen Dornbusch brennen sieht – der aber nicht verbrennt (Ex 3,1–17). Neugierig will er schnurstracks auf diese Erscheinung zugehen und sie untersuchen. Da wird er bei seinem Namen gerufen und dazu aufgefordert, seine Schuhe abzulegen. Die rufende Stimme gibt sich als der Gott seiner Vorfahren Abraham, Isaak und Jakob zu erkennen. Mose verhüllt sein Gesicht. Ihm wird Gottes Absicht mitgeteilt, das Volk Israel aus der Unterdrückung in Ägypten zu retten. Er, Mose, soll diese Befreiung ins Werk setzen. Doch Mose windet sich, er fühlt sich diesem Auftrag nicht gewachsen. Wie soll er dem Volk klarmachen, wer ihn da gesandt hat? Da offenbart Gott ihm seinen Namen: »Ich bin, der ich bin.«

Für das Pilgern enthält diese Szene mehrere Einsichten: Das Pilgern stellt eine ausgesetzte Lage jenseits menschlicher Sesshaftigkeit dar – wie bei Mose: Er hatte das Vieh »über die Steppe hinaus an den Gottesberg Horeb getrieben«. Dabei stößt Mose auf etwas zunächst Unspektakuläres, ja Unansehnliches und Stachliges: auf einen Dornbusch. An diesem »Material des Gewöhnlichen« beginnt die Sehnsucht des Mose zu »brennen«. Auch der Pilger, die Pilgerin darf sich ganz ruhig auf Gewöhnliches (auf Boden, Weg, Bäume, Vogelstimmen, Sonnenstrahlen, Menschen) einlassen, um sich darin vom Außergewöhnlichen ansprechen zu lassen. Warum beginnt die Sehnsucht des Mose zu brennen? Weil er gewahr wird, dass in jenem unwirtlichen Dornbusch sich der Herr selbst offenbart: als der »Ich-bin«, als reine Gegenwart. Diese Ge-

genwart gilt immer wieder neu, auch für die Pilgernden, die *jetzt* unterwegs sind. Denn der hebräische Gottesname lässt sich auch so übersetzen: Ich werde sein, der ich sein werde. Dieser vierbuchstabige hebräische Gottesname wird deutsch mit HERR wiedergegeben. Er ist hier und jetzt zu finden!
Zugleich wird Mose und den Pilgernden eine Art Gebrauchsanweisung zum Ertasten des göttlichen Geheimnisses gegeben: Der HERR lässt sich nicht finden, wenn der Mensch stürmisch vorpreschen und zupacken will. Nein, Mose bekommt gesagt: Zieh deine Schuhe aus – deine Schutzhüllen, die dich schnell vorstürmen lassen; deine festen Schablonen, in die du Gott schon ein- oder aussortiert hast! Geh vielmehr auf nackten Sohlen voran, tastend, achtsam und bewusst verspürend: »Ich bin da«, sagt der HERR! Mit nackten Füßen kann man in rauem Gelände ja nur behutsam vorangehen. Eine solche ehrfürchtige Haltung ist erforderlich, um den Anruf Gottes zu vernehmen und die eigene Berufung zu erkennen. Ignatius spricht von »amor reverencial«, ehrfürchtiger Liebe (GT 83 und 57). Sie besagt, dass der Mensch »vor Gott in staunend-anbetender Nähe und zugleich in scheu-demütigem Zurückweichen vor dem Größeren und Numinosen«[39] steht.

Ignatianische Entscheidungshilfen

Wie im ersten Kapitel anklang, gehen viele Menschen pilgern, weil sie »am Ende sind« – am Ende ihrer Kräfte und/oder am Ende eines Lebensabschnitts: nach Ausbildung, Kündigung, Scheidung, Auszug der Kinder oder nach der Beendigung ihres Berufslebens. Menschen an biographischen Übergängen treibt die

Frage um, wie es nun weitergeht: Was für einen Lebensweg soll ich einschlagen? Was will ich überhaupt? Was kann und was soll ich tun?

Am Beginn ihres Entscheidungsweges wird es ihnen oft erst einmal darum gehen, Abstand zu gewinnen von der bisherigen, mitunter mühsamen und belasteten Lebensetappe: Das Gehen in der Natur lässt aufatmen; die fremde Umgebung hilft, den Kopf und das Herz frei zu bekommen von der Anspannung der Last und den Blockierungen der letzten Jahre. Mit wachsender Distanz wird es möglich, die abgelaufene Lebensphase ein wenig zu sortieren. Rituale des Pilgerns, namentlich Tagebuch, Austausch mit Mitpilgernden und Gebet, unterstützen dabei, rückblickend den Empfindungen nachzuspüren und sie zu benennen: Wo steckt eigenes, wo fremdes Versagen? Welche positiven Kräfte und Gnaden, welche Lernpotenziale und Lockrufe liegen in der vergangenen Etappe? Damit kann sich der Horizont weiten auf Fragen der Zukunft: Welche Alternativen kommen für den vor mir liegenden Lebensweg infrage? Wie komme ich zu einer Entscheidung, die ich nicht bereuen werde?

Genau für diese Situation existenzieller Klärung und Entscheidung hat die ignatianische Spiritualität bewährte Hilfen anzubieten. Denn Ignatius entwickelte seine Spiritualität aus seinem eigenen Hin- und Hergerissen-Sein zwischen Lebensentwürfen. Was können Pilgernde von diesem reichhaltigen »Werkzeugkasten« der Unterscheidung und Entscheidung lernen, um Klarheit für ihre anstehenden Lebensentscheidungen zu finden?[40]

Ein erster Schritt besteht darin, mögliche Alternativen des künftigen Lebensweges zu erkunden. Verschiedene Gesichtspunkte helfen dabei: Wovon träume ich, wohin zieht mich meine Sehnsucht? Über welche Fähigkeiten und Stärken verfüge ich? Welche Nöte der Welt sprechen mich an? Welche Not kann ich helfen zu lindern? In dieser kreativen Entdeckungsphase können Mitpilgernde und sonstige Gesprächspartner am Weg wertvolle Anregungen geben, weil sie den Blick auf Lebenspisten jenseits des eigenen Denkhorizontes weiten können. Erste, umrisshafte Ideen gilt es nun zu konkreten Alternativen mitsamt den dafür notwendigen Bedingungen auszuformulieren.

An dieser Stelle passiert es leicht, dass man von einer der aufgetauchten Möglichkeiten spontan so fasziniert ist, dass man sich sofort auf sie festlegen möchte. Oder dass man im Gegenteil vor einer Option vorschnell zurückschreckt, weil sie schwierig und unangenehm anmutet. Bei derartigen Schnellschüssen sollte man bewusst eine Pause zum Nachdenken einlegen: Bin ich bei solch einem überstürzten Zugriff wirklich frei, verschiedene Alternativen an mich heranzulassen? Folge ich mit einer schnellen Vorentscheidung einfach dem, was man in unserer Gesellschaft üblicherweise für wichtig hält? Kann es sein, dass ich aus einer »verbogenen« inneren Voreinstellung auf eine Wahlmöglichkeit hereinfalle und gar nicht wirklich in der Lage bin, das zu wählen, was mich auf Dauer zufrieden sein lässt? Ignatius mahnt, sich derartiger affektiver Voreingenommenheiten bewusst zu werden und sich »indifferent« zu machen. Damit ist nicht gemeint, sich gleichgültig, also symmetrisch verachtend, gegenüber jenen Optionen zu verhalten. Man sollte sie vielmehr erst einmal unbefangen an sich heranlassen und ihnen gegenüber innere Freiheit entwickeln. Dazu hilft, jene »ungeordnete Anhänglichkeit« zu erkennen und sie vor Gott ins Gebet zu bringen – mit der Bitte, dass er sie wegnehme und die mutmaßlich unangenehmere Alternative eintreten lasse.

Für die eigentliche Abwägung und Gewichtung zwischen den infrage kommenden Wahlmöglichkeiten bietet die ignatianische Spiritualität mehrere methodische Hilfen an: Eine erste, nüchterne Weise besteht darin, zu jeder Alternative die für und gegen sie sprechenden Gründe in je einer Spalte aufzuschreiben. Auf Basis dieser Gegenüberstellung könnte sich bereits eine erste Präferenz für eine Alternative abzeichnen. Doch lohnt es sich, im Hinblick auf eine nachhaltig lebensdienliche Entscheidung weitere Schritte anzuschließen: Auch hier kann der Rat anderer Menschen eigenen Voreingenommenheiten und Blickverengungen entgegenwirken und zu einer ausgewogeneren Beurteilung beitragen. Zum anderen empfiehlt es sich, die bisher vorwiegend rationale Erwägung um einen affektiv-spirituellen Schritt zu ergänzen. Dazu versetzt man sich *jeweils* für eine bestimmte Zeit – zum Beispiel einen bis drei Tage – mit seinem Vorstellungsvermögen, Denken und Fühlen in eine der vorliegenden Alternativen und betet sich mit der Bitte um Klarheit und göttliche Bestätigung in sie hinein. Dabei notiert man die sich einstellenden Bewegungen der Seele: Bei welcher Alternative zeigen sich innerer Frieden, Ruhe, Freude, Weite bzw. Trost? Wo bleibt die Seele reglos? Wo sind Unruhe, Druck, Verfinsterung bzw. Misstrost spürbar? Der gute Weg liegt dann in Richtung jener Alternative, bei der sich – größerer und bleibender, nicht bloß kurz aufflackernder – Trost einstellt. Falls dieser affektiv-spirituelle Unterscheidungsversuch nicht anschlägt, bieten sich zwei ignatianische Phantasieübungen an: Die erste besteht darin, sich einen guten Freund, eine gute Freundin vorzustellen, der bzw. die um die Frage ringt, die mich selbst beschäftigt. Was würde ich ihm bzw. ihr raten? Welche Gründe würde ich für diese Empfehlung anführen? Aus dem, was mir daraus klar geworden ist, lässt sich die eigene Entscheidung solider treffen. Als zweite Variante schlägt Ignatius eine Übung mit Blick auf mein Lebensende vor: Ich stelle mir vor, ich sei alt geworden und ließe auf meinem Sterbebett mein Leben vorüberziehen. Dabei käme mir auch diese Entscheidung in den Sinn. Wie hätte ich aus dieser Perspektive gerne entschieden?

Die geerdete Pilgerspiritualität des Ignatius zielt auf etwas anderes als erhebende Gefühle. Sie will dazu anleiten, »eine gute und gesunde Wahl zu treffen« (EB 175) und mittels stimmiger Entscheidungen das eigene »Leben zu ordnen« (EB 21). In aller Flexibilität und Unstetigkeit, die sowohl die menschliche Existenz in der »flüssigen Moderne« als auch das sich darin bewegende Pilgern kennzeichnen, wollen die ignatianischen Entscheidungshilfen so etwas wie gestandene Wegweiser oder ein zuverlässiger Kompass sein: Sie wollen mit Hilfe solider Entscheidungen dem Leben bleibende Fruchtbarkeit und Lebensfreude vermitteln. Sie helfen, in der Nachfolge des Pilgers Jesus zu fragen: Wohin möchtest du, mein Gott, mich führen? Und das sind die Maßstäbe guter Entscheidungen: dass sie meinem Leben und dem von anderen »mehr Frucht« (Leben blüht nachhaltig auf) und »mehr Trost« (bleibenden Geschmack von Freude und innerem Frieden) verleihen.[41] Solche Entscheidungen sind selbst geistliche Vollzüge. In ihnen ist – in der Regel erst im Nachhinein erkennbar – Gottes Geist am Werk: Der eigene Lebensweg nimmt eine fruchtbare, nachhaltig froh machende Wendung.

Lasten tragen mit einem Gefährten an der Seite

Das Pilgern bietet Raum für eine große Bandbreite menschlicher Erfahrungen, die neben Schönem und Wunderbarem auch Mühsames und schwer zu Ertragendes enthalten können: nicht enden wollende Asphaltstraßen oder öde Industrielandschaften, steile Anstiege oder ärgerliche Umwege, brüllende Hitze oder bis auf die Haut durchnässende Regenböen, quälende Blasen oder die Abweisung an vorgesehenen Unterkünften, Streit in der Pilgergruppe oder miese Stimmung, völlige Erschöpfung oder eine Sinnkrise. In der Tat: Pilgern, vor allem über längere Strecken, ist kein Wellnessprogramm, kein gemütlicher Strandurlaub. Seine Belastungen können so groß und schier unerträglich werden, dass der Fortgang des Pilgerns auf dem Spiel steht: Soll ich nicht besser abbrechen, anstatt mich hier sinnlos abzuquälen? Diese mühsame Seite des Pilgerns ist keineswegs etwas, das ausnahmsweise nur mir zustößt. Denn wie alle seriösen Pilgerberichte zeigen, geht längeres Pilgern früher oder später mit Krisen einher. Nur wer es schafft, sie zäh und beharrlich durchzustehen, wird ans Ziel gelangen.

Eine heitere »Wellness-Spiritualität«, die lediglich die angenehmen Seiten des Pilgerns hervorhebt, leistet keinerlei Beitrag dazu, die unweigerlich eintretenden Mühen und Lasten des Pilgerns bewältigen zu helfen. Sie wird vielmehr dazu verleiten, Schattenseiten des Pilgerns möglichst aus dem leiblichen und geistlichen Wegprogramm auszuklammern. Demgegenüber hat die ignatianische Spiritualität Zugang auch zu den bedrückenden und abgründigen Momenten menschlichen Lebens und Pilgerns und hilft, diese zu bestehen.

Denn sie entstammt der Erfahrung des mit ihnen vertrauten Pilgers Ignatius und den daraus hervorgegangenen Meditationen der Heiligen Schrift in den Exerzitien.

In ihnen lässt Ignatius den *ganzen* Weg Jesu Christi betrachten, einschließlich seines Leidens- und Kreuzweges. Für diesen sieht er sogar eine eigene Exerzitienphase vor, in der diejenigen, die Exerzitien machen, betend verspüren sollen, was der leidgeprüfte Jesus für sie getan hat. Ignatius lässt sie die »Mühen, Plagen und Schmerzen« Christi ins Gedächtnis bringen (EB 206) und bitten um »Schmerz mit dem schmerzerfüllten Christus, Zerbrochenheit mit dem zerbrochenen Christus, Tränen, innere Qual über die so große Qual, die Christus für mich erduldet hat« (EB 203).

Wie wir aus dem Pilgerbericht des Ignatius erfahren konnten, waren gerade seine heftigsten Krisen – die Zeit der Genesung in Loyola sowie die Phase der Skrupel in Manresa – wertvollste Durchgangszeiten *vor* dem Empfang tiefer Einsichten. Die abrupten Ablehnungen seitens kirchlicher Autoritäten – in Jerusalem und durch die Inquisition in Spanien – erwiesen sich für ihn als bedeutsame biographische Wegweiser. Bestärkend für die Bewältigung mühsamer Pilgerphasen sind insbesondere die beiden Szenen, wo Iñigo unterwegs gegen seinen Willen mitgeschleppt wurde – durch den Klosterdiener in Jerusalem und durch Soldaten in Oberitalien: Da tröstete den Pilger die Vergegenwärtigung bzw. das Bild Jesu Christi, wie wenn sie ihn »vorführten«. Und als Iñigo in seiner Vision in La Storta, kurz vor Rom, Gott, den Vater, im Gespräch mit Christus vernahm, da schien es ihm, »Christus mit dem Kreuz auf der Schulter zu sehen und den ewigen Vater neben ihm, der ihm sagte: ›Ich will, dass du diesen als deinen Diener annimmst. Und so nahm Jesus ihn an und sagte: ›Ich will, dass du uns dienst.‹«[42] Der Pilger »schaute so klar, dass Gott, der Vater, ihn Christus, seinem Sohn zugesellte« (BP 96). Was bedeutet die für die ignatianische Spiritualität charakteristische Zugesellung zum kreuztragenden Christus für das Pilgern? Sie wäre völlig missverstanden, wollte man sie auf die Vorgabe reduzieren: Mach dir das Leben so schwer und unerträglich wie möglich. Je mehr du dich selbst in allem verleugnest, desto sicherer wirst du Gott finden. Eine solche Vorstellung von Gott und Christus hat »nichts mit der Frohen Botschaft zu tun, sondern ist ein Alptraum. Sie stärkt und tröstet nicht, sondern schwächt und versetzt in Schrecken.«[43] Nein, wie der Pilger und geistliche Autor Gerard Hughes weiter ausführt: »Wenn wir die Passion Jesu meditieren«, tun wir es, »um dem lebendigen Gott zu begegnen, der in unsere Dunkelheit, Schwäche und Sündhaftigkeit, in unseren Hass und in unsere Verzweiflung eintritt und sie verwandelt. Wir meditieren den gemarterten Leichnam Jesu, um die Natur des Gottes zu verstehen, der uns am Leben erhält und uns bis in unsere Dunkelheit und Destruktivität hinein nachspürt und unseren Tod in Leben verwandelt. Deshalb können wir unser eigenes Leiden annehmen (...). In unserem Leid begegnen wir dem leidenden Jesus. Wir erfahren seine Gegenwart und seine heilende Kraft, die aus unserer Verzweiflung Hoffnung hervorbringt.«[44]

Auf das Pilgern übertragen: Auf allen Wegetappen, gerade auf den mühsamen und strapaziösen Abschnitten, wo uns die Anstrengung des Weges und/oder das Gewicht unserer Existenz drücken, gilt auch für uns: Wir sind nicht alleine unterwegs. Kreuze oder Kreuz-

wege am Wegrand, auch das Kreuzzeichen, das wir beim Beten machen, erinnern uns sichtbar daran, dass wir begleitet werden von Jesus, der sein Kreuz für und mit uns trägt und der uns einlädt, unsere Last mit ihm zu teilen. Er hat sich ein für alle Mal unter die Mühen unserer Existenz gebeugt. Wir dürfen ihn deshalb bitten, auch jetzt den immer wieder schweren »Rucksack« unserer Existenz mitzutragen. Wir sind dem kreuztragenden Jesus zugesellt. Er ist unser Weggefährte und erleichtert unser Weitergehen.
Mit dem kreuztragenden Jesus mitzugehen, besagt für das Pilgern freilich auch, im solidarischen Gebet die Menschen und Orte mitzutragen, die schwer belastet sind: Wenn uns bei unserer Tour schwerkranke Menschen anvertraut werden; wenn wie am Ökumenischen Pilgerweg eine Justizvollzugsanstalt (wie z.B. bei Zeithain in Mittelsachsen) bewusst den Kontakt zu Gefangenen ermöglicht, deren Sorgen Pilgernde mit auf den Weg nehmen; wenn wie auf dem Jerusalemweg Friedensstolpersteine an vergangene Grausamkeiten erinnern, die heilend mitzutragen die Pilgernden aufgerufen sind; wenn für interreligiösen Dialog, Frieden oder die Bewahrung der Schöpfung gepilgert wird, dann dürfen wir uns berühren lassen und andere in unser Beten und Hoffen einschließen.

Was sich in der Liebe entschlüsseln lässt

Auf die Frage, wie sich Gott suchen und finden lässt, lässt sich eine weitere, im Grunde sehr einfache Antwort geben. Wir brauchen uns nur die Hauptbotschaft des Christentums zu vergegenwärtigen. Im ersten Johannesbrief ist sie auf die denkbar knappste Formel gebracht: »Gott ist Liebe« (1 Joh 4,8 und 16). Wenn das stimmt, dann gilt auch die Umkehrung: Wo wir Liebe erfahren und geben, da ist auch Gott zugegen, da treffen wir ihn. Und wenn wir aufmerksam sind, erfahren wir beim Pilgern unfassbar viele Ausdrucksformen von Liebe: den Boden, der trägt; den Weg, den Menschen vor uns ausgebaut haben; Markierungen und GPS-Signale, die die Richtung weisen; die Schönheit der Mutter Erde in allen ihren abwechslungsreichen Erscheinungsformen; unseren Leib, der fähig ist, den Rucksack zu tragen und trotz großer Anstrengungen weiterzugehen; unsere Fähigkeit, wahrzunehmen, zu fühlen, zu planen und zu kommunizieren; Menschen am Weg, die uns gastfreundlich grüßen, Auskunft geben, versorgen und ihr Herz öffnen; die Empfindung, Altlasten ablegen zu können; wachsende Klarheit über die nächsten biographischen Schritte; neu zuströmende Lebensenergie und Zuversicht …

Ja, das Pilgern bietet auf Schritt und Tritt Gelegenheiten, Gutes zu erfahren. Und doch: Es besteht die Möglichkeit, dass wir wie abgestumpft und unzugänglich bleiben gegenüber all dem Wunderbaren, das uns da begegnen will: wenn wir besessen davon sind, angestrebte Etappenziele möglichst rasch zu erreichen; wenn wir über eigene Versäumnisse oder zugefügte Verletzungen grübeln; wenn wir perfektionistische Ansprüche an uns selbst, die Landschaft, Mitpilger und Unterkünfte stellen. Gutes erfahren zu können verlangt die ständige Entscheidung, mit allen Sinnen und Geisteskräften wach und empfänglich sein zu wollen für das, was sich jetzt zeigen will. Indem wir diese Wahrnehmungen auf ihre Qualitäten hin verkosten, kommen wir der Güte, die sich in ihnen ausdrückt, auf die Spur: jenem liebenden Urgrund, der sich in den empfangenen Wohltaten mir »gibt«, in ihnen »wohnt«, sich in ihnen »nach der Weise eines Arbeitenden« für mich »abmüht« und sie »von oben herabsteigen« lässt (EB 234–237). Indem Pilgernde ihre Erfahrungen im Hinblick auf die in ihnen mitgeteilte Liebe auskosten, werden sie ihrerseits angerührt, liebend zu antworten. Weil Liebe in der »Mitteilung von beiden Seiten« besteht (EB 324), sind auch die Pilgernden herausgelockt, dankbar ihrerseits zu erwägen, wo und wie sie mehr Liebe ins Werk setzen wollen und sollen.

Irdisches Vorangehen: himmelwärts

Pilgern gilt in der Tradition als Gleichnis für das menschliche Leben insgesamt: Wie Pilgernde auf einen heiligen Zielort zugehen, so stellt das menschliche Leben einen Durchgang zur himmlischen Heimat dar. Die ignatianische Spiritualität gibt diesem Gedanken in zweierlei Hinsicht eine eigentümliche Prägung und verschärft ihn auch.

Zum einen gebraucht Ignatius häufig die Begriffe »Vorangehen« und »Weise des Vorangehens«. Gemeint ist damit nicht ein standardmäßiges, normales Gehen, sondern ein »besseres«, qualitativ gesteigertes Voranschreiten; weder ein routinemäßiges Weiter-so noch die bloße Erhöhung der Schrittzahl. Aufgerufen wird vielmehr zu einem Fortschreiten vom Guten zum Je-Besseren: Es soll die ganze Lebensweise erfassen, damit »man in guten Werken weiter vorangehe« (EB 315). In den Satzungen des Jesuitenordens profiliert Ignatius dieses Vorangehen folgendermaßen: Es ist gekennzeichnet durch »mehr Umsicht und Sorge« (Sa 504), »viel Überlegen und Wägen« (Sa 204), »je größere

Klarheit« (Sa 202) und »mehr Licht« (Sa 300), eine Gesinnung, die »lauterer« ist (Sa 326), sowie durch den Geist der »Milde« (Sa 489), der »Sanftmut« (Sa 236) und der »Liebe« (Sa 551). So licht und leicht dieses Vorangehen anmuten mag, so ist ihm doch eine Spannung zu eigen. Sie tritt hervor, wenn berechtigte Anliegen durch Quertreiber unfair gestört oder ausgebremst werden. Da soll die verantwortliche Person »die notwendige Geradheit und Strenge mit der Güte und Milde zu verbinden wissen«: Sie soll sich dabei »weder von dem abbringen« lassen, von dem sie urteilt, »dass es Gott unserem Herrn mehr gefalle«; noch soll sie aufhören, das angebrachte Mitgefühl für die ihr Anvertrauten zu haben. Dadurch sollen »auch die Getadelten oder Gestraften anerkennen«, dass die zurechtweisende Person in dem, was sie tut, »in unserem Herrn geradeaus und mit Liebe vorangeht«, auch wenn es »gegen den Geschmack« der Gemaßregelten wäre (Sa 727).

Kann eine Pilgertour eine Einübung in eine solche Weise des Vorangehens sein: damit Pilgernde auf dem Weg zum letzten menschlichen Ziel, der Heimkehr zu Gott, »besser« vorankommen? Ja, das ist möglich, wenn der Maßstab des Pilgerns nicht die Anzahl zurückgelegter Kilometer, nicht das routinemäßige Abhaken von POIs (Points of interest), ausgezeichneten Sehenswürdigkeiten, darstellt; sondern wenn im Vordergrund steht, schrittweise in eine rundherum gute Lebenshaltung »hineinzulaufen«, die von den genannten Qualitäten geprägt ist: von Umsicht, Abwägen, Klarheit, Milde, Sanftmut und Liebe und dem spannungsreichen Zueinander von Entschiedenheit und Liebenswürdigkeit. In dem Maß, in dem diese Haltungen das eigene Pilgern formen, ist von dessen echtem, lebensdienlichem Vorangehen zu sprechen: Es stellt zugleich ein Vorangehen nach göttlichen Maßstäben, ein hoffend-zielsicheres Zugehen auf die himmlische Heimat dar.

Die skizzierte ignatianische Weise des Vorangehens ist sehr anspruchsvoll. Wer kann mit ihr Schritt halten? Sich ihr anzunähern setzt viel Übung voraus: ausgiebige *geistliche Übungen*, nicht nur als Exerzitien in Form religiöser Auszeiten, sondern als fortgesetztes Üben im Alltag, um das Leben entsprechend zu formen.

Den dabei maßgebenden Grundprozess legt der Sekretär des Ignatius, Juan de Polanco, in einem Brief aus dem Jahr 1554 ausdrücklich auf das lebenslange menschliche Pilgern »bis zu unserem himmlischen Vaterland« hin aus: »Und immer müssen wir uns daran erinnern, dass wir Pilger sind, bis wir dorthin gelangen, und dürfen uns nicht so in die Herbergen und Länder, durch die wir ziehen, verlieben, dass wir vergessen, wohin wir unterwegs sind, oder die Liebe zu unserem letzten Ziel verlieren. Denn um dieses besser zu erreichen, hat uns unser ewiger Vater den Gebrauch und Dienst aller seiner Geschöpfe geschenkt, nicht aber um uns mit so großer Liebe bei ihnen aufzuhalten, dass wir für die zeitlichen und unvollkommenen Güter dieses kurzen Lebens die ewigen und vollkommensten desjenigen Lebens verlieren, das von ständiger Dauer sein wird.« Stattdessen würden »selbst die Klugen der Welt (…) abgelenkt außerhalb ihrer selbst gehen« und das Licht ihres Verstandes »verschwenden« auf der »Suche danach, wie sie diese wenigen Tage ihrer gegenwärtigen irdischen Pilgerschaft mit Ehre, Zufriedenheit und Wohlstand verbringen« (BU 572f.).

Was laut diesen programmatischen Worten für die Pilgerschaft des menschlichen Lebens insgesamt gilt, kann in zeitlich begrenzten Pilgertouren eingeübt werden: Wer physisch unterwegs, Schritt für Schritt auf ein Ziel zugeht, kann sich nirgendwo festsetzen. Er oder sie muss sich laufend von den angetroffenen Orten, Menschen und Gegebenheiten lösen und ständig Abschied nehmen. Indem Pilgern einen fortwährenden Prozess des Loslassens darstellt, fördert es eine spirituelle Haltung, die bisherige Wertigkeiten auf den Kopf stellt: Wahrnehmungsfähigkeit rückt an die erste Stelle und schafft Raum für eine elementare Dankbarkeit, während die vormals dominierenden Sorgen um Wohlstand, Besitz und das eigene Image bedeutungslos werden. Immer wieder sind nach Pilgertouren nachhaltig lebensprägende Folgen einer solchen Umkehr zu beobachten: Dankbare Langstreckenpilger stellen nach ihrer Rückkehr großzügig Zimmer für Pilgergäste bereit und nehmen sich selbst und ihren Rang und Namen nicht mehr so wichtig. Sie werden menschlich nahbarer und gelassener. Somit trägt das Experiment einer zeitlich begrenzten Pilgertour dazu bei, dass Menschen »ungeordnete Anhänglichkeiten von sich entfernen« können. Als eine im echten Sinn geistliche Übung hilft es, Pilgernde »darauf vorzubereiten und einzustellen« (EB 1), dass sie auch die Pilgerschaft ihrer irdischen Existenz hin zu ihrer himmlischen Heimat leichtfüßiger bestehen.

»Resignatio«: Ergebenheit in den dreieinen Gott

Iñigo wurde laut seinem Pilgerbericht erstmals in Manresa mit einer besonderen Nähe zur göttlichen

Dreifaltigkeit beschenkt: »Er hatte viel Andacht zur allerheiligsten Dreifaltigkeit.« Rückblickend ergänzt er dreißig Jahre später: »Für sein ganzes Leben verblieb ihm dieser Eindruck, beim Gebet zur allerheiligsten Dreifaltigkeit eine große Andacht zu verspüren« (BP 28). Laut einer Notiz seines Geistlichen Tagebuches vom 21.4.1544 hatte er so tiefe Einsichten in das dreieine Gottesgeheimnis, dass ihm »schien«, es »so zu verstehen, dass es fast über diesen Stoff der Heiligsten Dreifaltigkeit nicht noch mehr zu wissen gab« (GT 62). Statt seine mystischen Erfahrungen hier systematisch zu entfalten,[45] will ich lediglich den Versuch wagen, ausgehend von einer ignatianischen Inspiration das Pilgern als ein trinitarisches (am dreieinen Gott teilhabendes) Geschehen zu deuten – in der Hoffnung, beides, Pilgern und Trinität, wechselseitig existenziell tiefer zu erhellen.

Dazu gehe ich von einer Formel aus, die auf Jerónimo Nadal, einen Vertrauten des Ignatius, zurückgeht. Im lateinischen Original lautet sie: »*Spiritus Societatis plena resignatio in vivicitate Spiritus et unione ipsius in Deum cum Christo.*«[46] Zu Deutsch: »*Der Geist der Gesellschaft (Jesu) besteht in der völligen Ergebenheit in die/der Lebenskraft des (Heiligen) Geistes und die Einung mit ihm in Gott hinein (zusammen) mit Christus.*« Hier ist zwar unmittelbar vom Geist bzw. von der Spiritualität des Jesuitenordens (»Gesellschaft Jesu«) die Rede. Ihre Spiritualität stellt eine Pilgerspiritualität dar; denn sie entwuchs dem Pilgern und kann es in vielfacher Hinsicht inspirieren. Deshalb kann ihre hier benannte innere Mitte dazu helfen, das Pilgern zu befruchten.

Als Grundhaltung wird hier die Ergebenheit benannt, auch zu verstehen als vertrauensvolle Hingabe; sie wird durch das Adjektiv »völlig« bzw. »restlos« bis zum

Extrem gesteigert. Unzutreffend und die spätmittelalterliche lateinische Wortbedeutung verzerrend wäre es, an traurige Resignation oder Rückzug zu denken. Die ganz und gar positive Offenheit bzw. Ergebenheit rechnet vielmehr damit, dass, vorgängig zu allem menschlichen Tun und es erst hervorbringend, bereits eine unbändige, schöpferische Lebenskraft am Werk ist: der Heilige Geist. Er schafft es ja, ausgetrocknete Gebeine zum Leben zu erwecken (Ez 37,1–14). Deshalb gilt es, sich auf das Wirken dieser urwüchsigen Geistkraft ganz und gar einzulassen – sich mit ihr zu vereinen. Wie kann das geschehen? Durch ein Ja zu ihr (vgl. Lk 1,38); durch eine Unterscheidung der Bewegungen der Seele, um den aktuellen Wirkwillen dieses guten Geistes herauszuspüren. Die Feinabstimmung mit ihm schafft Raum dafür, dass sich die Wesenszüge des pilgernden, gütigen, gottergebenen Jesus in der eigenen Existenz ausprägen können. Wie das Leben des Ignatius zeigt, ist eine solche Ergebenheit in den Liebeswillen Gottes ein wirkmächtiges und fruchtbares Lebenselixier. Zugleich ist sie, zumal für alle Perfektionisten der Leistungsgesellschaft, wohltuend entlastend; denn sie macht gelassen angesichts der Geistkraft, die in mir, in anderen, in allem bereits am Werk ist.

Eine solche Ergebenheit nimmt den Pilger, die Pilgerin mit auf einen Weg und führt sie zu einem Ziel bzw. in ein Geheimnis hinein, das die Pilgernden bereits jetzt umgibt – »in ihm leben wir, bewegen wir uns und sind wir« (Apg 17,28). Dieser »Zielraum«, in den wir immer tiefer hineingehen, wird hier bemerkenswerterweise nicht als Vater – der bleibt unsichtbar –, sondern als Gott benannt, das heißt als der Eine und Dreieine. An ihm hat der Vater Jesu Christi und

auch unser – mit mütterlichen Zügen ausgestatteter – Vater teil; als der *eine* Gott und das Ziel unseres Weges umfasst er zugleich den Heiligen Geist und Christus. Dieser Eine ist als »Liebeseinheit an sich zu verstehen«, so der Pilger und Judaist Christian Rutishauser.[47]
In dieses eine göttliche Geheimnis hinein gehen wir als Pilgerin oder Pilger nicht alleine, sondern, wie die Nadal'sche Formel besagt, »mit Christus«, dem Gefährten an unserer Seite. Er hat als ortloser menschlicher Pilger mühevoll verkündigt, schmerzhaft gelitten und ist gestorben. Als der Auferstandene und Lebendige ist er mit seinen Wundmalen (Joh 20,20.25.27) uns jetzt zugesellt: Jesus Christus begleitet uns durch dick und dünn, in unseren Hoch-Zeiten wie in unseren Abgründen. Dies bestärkt uns in der Hoffnung, unser Pilgerziel zu erreichen. Diese Zuversicht gebende Begleitung durch Jesus, den gekreuzigten und auferstandenen Herrn, macht die Resilienz und den Trost ignatianisch verstandenen Pilgerns aus.
Von der Nadal'schen Trinitätsformel her lassen sich wesentliche Grunddimensionen des Pilgerns christlich deuten: sein Ziel und der uns jetzt schon beheimatende »Bewegungsraum« (die Gemeinschaft mit dem einen Gott); unser Wegbegleiter und die richtungweisende Zielgestalt unserer spirituellen Wandlung (Jesus Christus); sowie die schöpferische Energie, die, in allem wirkend, uns inspiriert, so dass wir uns gelassen zu größerer, bleibender Freude und Fruchtbarkeit hin verwandeln lassen (der Heilige Geist).

Hineinlaufen in deine Gegenwart

Deuten wir abschließend die Botschaft dieses Buches vom titelgebenden Vers der schweizerischen Jerusalempilgerin Hildegard Aepli her: »um nichts anderes geht es als dass ich in dich hineinlaufe in deine Gegenwart.« Ja, Pilgern ist wesentlich ein Vorangehen, aber nicht bloß in körperlicher Hinsicht. Sein Sinn liegt vielmehr darin, im leibhaftigen Voranschreiten auch geistlich, spirituell voranzugehen.

Darin liegt ein gewisses Paradox: Zum einen sind wir, die wir uns auf den Weg machen, bereits »in« jenem Geheimnis, stehen also, mit anderen Worten, vor dem lebendigen Gott: Wir sind von hinten und vorne, von oben und unten, von außen und innen von ihm umgeben und »durchwebt« (Psalm 139). Auch jetzt: Gott ist gegenwärtig. Zum anderen sind wir noch zu ihm hin unterwegs. Unser Bewusstsein, Herz und Denken »flattert« noch so oft weg von ihm, ist in sich verschlossen und wie draußen, entfernt von seiner Gegenwart. Pilgernd üben wir, uns mit unserem Leib und allen unseren Sinnen, mit Herz, Seele und Geist auf diese göttliche Gegenwart einzulassen: tastend gehend, hörend, sehend, riechend, unterscheidend und innerlich verkostend. Der große Vorteil des Pilgerns und einer gesunden Pilgerspiritualität liegt gerade in dieser Ganzheitlichkeit, mit der sich der Mensch dem göttlichen Geheimnis unterwegs ungeschützt aussetzt. Erreichen, ansprechen, umwandeln muss uns die göttliche Gegenwart schon selbst – freilich nicht ohne uns, sondern mit unserer von ihm empfangenen Offenheit und Mitwirkung. Und sie hat es getan, will es tun und tut es, wie uns das vielfältige Zeugnis der Heiligen Schrift, des Pilgers Iñigo de Loyola und vieler Pilgerinnen und Pilger in der Geschichte der Menschheit versichert: Gott will uns begegnen und umarmt uns bereits jetzt durch die Wirklichkeit! Dafür wach und ansprechbar zu werden, »hineinzugehen in deine Gegenwart«, sich vom göttlichen Du umfangen zu lassen, ist ein ehrfürchtig zu begehender Pfad. Dabei lernen wir, die Gaben der Schöpfung geschmackvoller zu verkosten und der sich in ihnen mitteilenden Güte des Schöpfers auf die Spur zu kommen. Dies lässt uns danach suchen, ihm durch unsere Antwort tatkräftig zu danken. Wir beginnen zu verstehen, dass wir nicht alleine vor uns hin stapfen: Im beglückten Jauchzen wie auch auf zermürbenden Durststrecken sind wir von Jesus, dem menschlich-himmlischen Pilger, begleitet. Er geht alle unsere Wege mit. »Ich bin mit euch alle Tage bis zum Ende der Welt«, hat er uns ja verbindlich zugesagt (Mt 28,20). Auch da gesellt er sich als Gefährte tröstlich zu uns, wo Krisen und Zusammenbrüche uns verstört und erschöpft aufgeben lassen wollen (Lk 24,13–35). Wie weit wir auch vom Ziel der Pilgertour entfernt sind, wie sehr uns auch Auf- und Abstiege, Umwege und Widerstände auf dem Weg zu schaffen machen: Lassen wir uns dadurch nicht kirre machen! In allem will Gott Begegnung mit uns feiern!

Wie denn? Indem wir andere Menschen unterwegs als Weggefährten und -gefährtinnen geschwisterlich annehmen und Leidende betend mittragen; indem wir unsere Erfahrungen auf die in ihnen aufscheinende Güte hin verkosten; indem wir die innerlich aufsteigenden Regungen von Trost und Misstrost als Kompass nutzen für unsere Entscheidungen und die daraus hervorgehende Gestalt unseres Lebens. Wo wir nach den Kriterien der größeren Frucht und des größeren, nicht bloß kurz aufflackernden Trostes entscheiden, da kommt der gute Geist zum Zug; da kann eine Form des Lebens wachsen, die Bestand hat – auch vor dem »letzten Woraufhin« unserer Existenz. Dieses uns bereits bewegende, begleitende und verhüllt gegenwärtige Ziel ist ein Du, unfassbar und doch zu ertasten und zu finden! Um nichts anderes geht es auf den zeitlich begrenzten Pilgerstrecken und auf dem lebenslangen Pilgerweg eines und einer jeden von uns: dass ich – unvertretbar – in dich hineinlaufe, in deine göttliche Gegenwart.

Abkürzungen und Werke des Ignatius von Loyola

BP Ignatius von Loyola, Bericht des Pilgers. Herausgegeben, übersetzt und eingeleitet von Michael Sievernich SJ, Wiesbaden 2006; zit. nach Randnummern.

BU Ignatius von Loyola, Briefe und Unterweisungen. Übersetzt von Peter Knauer (Deutsche Werkausgabe Bd. 1), Würzburg 1993.

EB (Exerzitienbuch), Ignatius von Loyola, Geistliche Übungen. Nach dem spanischen Autograph übersetzt von Peter Knauer, Würzburg ^{5}2021; zit. nach Randnummern.

GT (Geistliches Tagebuch), Ignatius von Loyola, Das Geistliche Tagebuch, in: ders., Gründungstexte der Gesellschaft Jesu (Deutsche Werkausgabe Bd. 2), Würzburg 1998, 349–428; zit. nach Randnummern.

Sa (Satzungen der Gesellschaft Jesu; Text B), in: Ignatius von Loyola, Gründungstexte (siehe GT), 590–827; zit. nach Randnummern.

Anmerkungen

1 Michael Stausberg, Religion im modernen Tourismus, Berlin 2010, zit. nach Christian Antz, Spirituelle Reisen: Können Kirchen und Tourismus gemeinsam Gäste finden?, in: Christian Antz/Sebastian Bartsch/Georg Hofmeister (Hrsg.), »Ich bin dann mal auf dem Weg!«. Spirituelle, kirchliche und touristische Perspektiven des Pilgerns in Deutschland, Konstanz 2018, 13–32, hier: 22–23. Dabei werden allerdings »Pilgern« und »Wallfahrt« begrifflich vermengt; siehe Kap. 1.

2 Christian Kurrat/Patrick Heiser, Pilgern gestern und heute. Eine Einleitung, in: Patrick Heiser/Christian Kurrat (Hrsg.), Pilgern gestern und heute. Soziologische Beiträge zur religiösen Praxis auf dem Jakobusweg, Münster 2014, 7–17, hier: 10.

3 <https://greenpilgrimage.wordpress.com/resources/pilgrim-numbers> (Zugang: 12.4.2022).

4 Hildegard Aepli, Zu Fuß bis Jerusalem. Pilgergedichte, Würzburg [2]2013, 12; ohne Satzzeichen im Original.

5 Jaś Elsner/Ian Rutherford, Introduction, in: dies. (Hrsg.), Pilgrimage in Graeco-Roman and Early Christian Antiquity: Seeing the Gods, Oxford 2005, 1–38, hier: 12–30.

6 Gerard W. Hughes, Walk to Jerusalem. In Search of Peace, London 1991.

7 Christian Rutishauser, Zu Fuß nach Jerusalem. Mein Pilgerweg für Dialog und Frieden, Ostfildern 2013.

8 Adrian Ivakhiv, Green Pilgrimage: Problems and Prospects for Ecology and Peace-Building, in: Antón M. Pazos (Hrsg.), Pilgrims and Pilgrimages as Peacemakers in Christianity, Judaism and Islam, London 2013, 85–102.

9 Noga Collins-Kreiner/Geoffrey Wall, Tourism and Religion, Spiritual Journeys and Their Consequences, in: Stanley D. Brunn (Hrsg.), The Changing World Religion Map. Sacred Places, Identities, Practices and Politics, Dordrecht 2015, 689–707; Christian Antz, Spirituelle Reisen (Anm. 1).

10 Im Folgenden, soweit nicht anders angegeben: John Eade/Dionigi Albera, Pilgrimage Studies in Global Perspective, in: Dionigi Albera/John Eade (Hrsg.), New Pathways in Pilgrimage Studies, New York/Abingdon 2017, 1–17.

[11] Markus Gamper/Martin Lörsch, Pilgern oder Wallfahren – Ausdruck zeitgenössischer Spiritualität und Religion? Eine Vergleichsstudie zwischen Pilgern auf dem Jakobsweg nach Santiago de Compostela und der Heilig-Rock-Wallfahrt in Trier, in: St. Jakobusbruderschaft Trier (Hrsg.): Abenteuer Pilgern. Ein populäres Thema interdisziplinär erforscht, Würzburg 2017, 229–267, hier: 230.

[12] Josef Sudbrack, Unterwegs zu Gott, obgleich stehend vor ihm, in: Klaus Herbers/Robert Plötz (Hrsg.), Spiritualität des Pilgerns. Kontinuität und Wandel, Tübingen 1993, 103–126; Michael Rosenberger, Wege, die bewegen. Eine kleine Theologie der Wallfahrt, Würzburg 2005.

[13] Gerhard Wahrig, Deutsches Wörterbuch, Berlin 1982, Sp. 4100.

[14] Ebd., Sp. 4103 und 4104.

[15] Andreas Knapp, Pace e bene! Ein spiritueller Pilgerbegleiter für den Franziskusweg, Würzburg 2019, 40.

[16] Vgl. Markus Gamper/Martin Lörsch, Pilgern oder Wallfahren (Anm. 11); Detlef Lienau, Sich fremd gehen. Warum Menschen pilgern, Ostfildern 2009, 50.

[17] Tom van Nuenen/Suzanne van der Beek, Pilgrim or Tourist? Modelling Two Types of Travel Bloggers, in: Heidelberg Journal of Religions on the Internet, 11 (2016), 138–163.

[18] Christian Antz, Spirituelle Reisen (Anm. 1), 19.

[19] Rainer Schützeichel, Über das Pilgern. Soziologische Analysen einer Handlungskonfiguration, in: Patrick Heiser/Christian Kurrat (Hrsg.), Pilgern gestern (Anm. 2), 19–43.

[20] Christian Antz, Spirituelle Reisen (Anm. 1), 18.

[21] Im Folgenden, soweit nicht anders angegeben: Michael Ebertz, Der »alte« und der »neue« Pilger, in: Patrick Heiser/Christian Kurrat (Hrsg.), Pilgern gestern (Anm. 2), 91–112.

[22] Marie-Luise Heckmann, Ein Heiliger mit vielen Gesichtern. Jakobus von Compostela im 12. Jahrhundert, in: Johann Ev. Hafner/Susanne Talabardon/Jenny Vorpahl (Hrsg.), Pilgern. Innere Disposition und praktischer Vollzug, Würzburg 2012, 87–103, hier: 96.

[23] Ignacio Tellechea, Ignatius von Loyola. »Allein und zu Fuß«. Eine Biographie, Zürich 1991, 51.

[24] Ludolfo de Sajonia, La vida de Cristo, Madrid 2010, 2. Band, 666.

[25] Andreas Falkner/Paul Imhof (Hrsg.), Ignatius von Loyola und die Gründung der Gesellschaft Jesu 1491–1556, Würzburg 1990, 73.

[26] Stefan Kiechle, Die Orte Jesu besuchen. Die Pilgerfahrt nach Jerusalem (1523), in: Andreas Falkner/Paul Imhof (Hrsg.), Ignatius (Anm. 25), 65–70, hier: 65.

[27] Zit. nach Juan M. Martín-Moreno SJ, Jerusalén, in: Grupo de Espiritualidad Ignaciana, Diccionario de espiritualidad ignaciana, Bilbao/Santander [2]2007, 1064–1071, hier: 1064.

[28] John M. McManamon S.J., The Text and Contexts of Ignatius Loyola's »Autobiography«, New York 2013, 41–42.

[29] Thesaurus Spiritualis Societatis Jesu, Vatican 1948, 480; zit. nach BU, 37.

[30] Philipp Görtz SJ, In den Schuhen des Pilgers. Bericht eines Jesuitennovizen, Frankfurt 2007.

[31] Vgl. Francisco José Ruiz Pérez SJ, Camino, in: Grupo de Espiritualidad Ignaciana, Diccionario (Anm. 27), 260–267, hier: 267.

[32] José Luis Irreberri S.J./Chris Lowney, Der Ignatiusweg von Loyola über Saragossa nach Manresa, Innsbruck 2016; Stefan Kiechle, Ignatianisch pilgern. Gedanken zum *Camino ignaciano*, in: Geist und Leben 91 (2018), 353–357; <www.caminoignaciano.org/de>; eine App auch mit geistlichen Texten: <https://jesuitpilgrimage.app> (Zugang 14.3.2023).

[33] Z.B. Cordula Rabe, Handbuch Pilgern, München 2022, 76–105, 191–193; <https://www.bergzeit.de/magazin/packliste-jakobsweg-pilgern-tipps> (Zugang: 14.3.2023).

[34] Johannes Aschauer, Auf dem Jerusalemweg. Eine außergewöhnliche Fußreise: Aus dem Herzen Europas zu Fuß nach Jerusalem, München/Berlin 2016, 25–26.

[35] Augustinus, Soliloquien l.2, c.1.

[36] App für die katholische Einheitsübersetzung 2016: <https://play.google.com/store/apps/details?id=de.dicendum.die_bibel_eue&gl=US>, für die Lutherbibel: <https://apps.apple.com/de/app/luther-bibel/id585978890>, für die laufenden Lesungen des katholischen Kirchenjahres: »Evangelizo«: <https://play.google.com/store/apps/details?id= org.evangelizo>; evangelische Jahreslesepläne unter: <https:// www.die-bibel.de/bibeln/hilfen-zum-bibellesen/bibelleseplaene> (Zugang: 14.3.2023).

[37] Erhältlich beim Katholischen Bibelwerk <https://www.bibelwerk.shop/bibel> bzw. bei der Deutschen Bibelgesellschaft <https://www.die-bibel.de/shop> (Zugang: 14.3.2023).

[38] Hefte mit den laufenden liturgischen Schriftlesungen: »Magnifikat. Das Stundenbuch«, bestellbar bei <https://www.magnificat-das-stundenbuch.de> (Zugang: 20.2.2023).

[39] Stefan Kiechle, Gott die Ehre. Kurze Theologie der ignatianischen Exerzitien, Würzburg 2022, 142.

[40] EB 175–189; Stefan Kiechle, Sich entscheiden, Würzburg [10]2020.

[41] Stefan Kiechle, Sich entscheiden (Anm. 40), 32–44.

[42] So Diego Laínez, der mit Iñigo gen Rom pilgerte; zit. nach Ignatius von Loyola, Gründungstexte der Gesellschaft Jesu, Würzburg 1998, 79.

[43] Gerard Hughes, In Gottes Lachen einstimmen. Wege zur inneren Freiheit, Würzburg 1998, 187.

[44] Ebd., 189.

[45] Sebastian Maly/Stefan Hofmann, Gott – dreifaltig einer, Würzburg 2022.

[46] Monumenta Historica Societatis Jesu, Epistulae P. H. Nadal, IV, Madrid 1905, 619.

[47] Christian Rutishauser, Zu Fuß nach Jerusalem (Anm. 7), 16.